建築がすごい世界の美術館

Art Museums with Architectural Beauty

建築がすごい世界の美術館
Art Museums with Architectural Beauty

目 次

ヨーロッパ・地中海文明博物館（MuCEM） ……………………… 4
フォンダシオン ルイ・ヴィトン ……………………………………… 6
ルーヴル美術館 ………………………………………………………… 8
ルーヴル・ランス ……………………………………………………… 12
ジャン・コクトー美術館 ……………………………………………… 14
FRAC マルセイユ ……………………………………………………… 16
コンデ美術館 – シャンティイ城 ……………………………………… 18
　　　column　改装美術館 …………………………………………… 20
テート・モダン ………………………………………………………… 22
リバーサイド交通博物館 ……………………………………………… 26
ナショナル・スペース・センター …………………………………… 28
インペリアル・ウォー・ミュージアム・ノース …………………… 30
ローリー・センター …………………………………………………… 34
ブレゲンツ美術館 ……………………………………………………… 36
グラーツ美術館 ………………………………………………………… 38
ウィーン美術史美術館 ………………………………………………… 40
ベルヴェデーレ宮殿 …………………………………………………… 42
セセッション館 ………………………………………………………… 46
ランゲン・ファンデーション ………………………………………… 48
ユダヤ博物館 …………………………………………………………… 50
マルタ・ヘルフォルト美術館 ………………………………………… 52
シュターツギャラリー ………………………………………………… 54
インゼル・ホンブロイッヒ …………………………………………… 56
聖コロンバ教会ケルン大司教区美術館 ……………………………… 58
ヴィトラ・デザイン・ミュージアム ………………………………… 60
オードロップゴー美術館 ……………………………………………… 62
　　　column　企業美術館 …………………………………………… 64
パウル・クレー・センター …………………………………………… 66
ルクセンブルク・ジャン大公現代美術館（MUDAM） ……………… 68
フローニンゲン美術館 ………………………………………………… 70
グッゲンハイム・ビルバオ …………………………………………… 72
ダリ劇場美術館 ………………………………………………………… 74

バレンシア芸術科学都市	76
イタリア国立 21世紀美術館（MAXXI）	78
プンタ・デラ・ドガーナ	80
ヴァチカン美術館	82
エルミタージュ美術館	84
トプカプ宮殿博物館	88
column　歴史を継承する美術館	90
ヘイダル・アリエフ文化センター	92
イスラム美術博物館	94
デザイン・ミュージアム・ホロン	96
広東省博物館	98
オルドス博物館	100
ハノイ国立博物館	102
アートサイエンス博物館	104
エラワン博物館	106
ソウル国立大学美術館	108
ロイヤル・オンタリオ博物館	110
アートギャラリー・オブ・オンタリオ	112
ミルウォーキー美術館	114
エリ＆エディス・ブロード美術館	116
アクロン・アート・ミュージアム	118
ソロモン・R・グッゲンハイム美術館	120
ウォーカー・アート・センター	122
フォートワース現代美術館	124
ローゼンタール現代美術センター	126
デンバー美術館	128
サルバドール・ダリ美術館	130
アスペン美術館	132
ソウマヤ美術館	134
ニーマイヤー美術館	136
ニテロイ現代美術館	138

地中海の光が差し込む
巨大な葉脈のような博物館

ヨーロッパ・地中海文明博物館（MuCEM）
フランス、マルセイユ｜ルディ・リチョッティ｜2013

ぬけるように青い地中海に面して建てられた17世紀のサン・ジャン砦。そこから1本の橋が延び、その先に葉脈のような不規則な網目模様に包まれた四角い箱が見える。網目の間からは海や空とそこに満ちる光が見える。夜になると青い光に包まれて、より幻想的な雰囲気に。サン・ジャン砦と「J4」と呼ばれる網目模様の建物の両方に展示スペースがあり、古代から現代まで地中海を中心としたヨーロッパ文明についての資料が展示されている。この博物館は2013年、マルセイユ＝プロヴァンス県がヨーロッパ文化首都となったのを記念して建てられたもの。マルセイユは、ほかにル・コルビュジエの「ユニテ・ダビタシオン」屋上のアート・スペースやフォスターによるパビリオンなどがオープンした。

森に浮かぶ雲のような
ルイ・ヴィトンの美術館

フォンダシオン ルイ・ヴィトン
フランス、パリ｜フランク・ゲーリー｜2014

ブローニュの森にたなびく雲のような建物。フランク・ゲーリー設計の「フォンダシオン ルイ・ヴィトン」は、透明なガラスの屋根が幾重にも重なった幻想的な建築だ。ゲーリーはこのガラスの屋根を"帆"、その下の展示室などがある部分を"氷山"と表現している。"帆"の下には空中庭園もある。透明な"帆"から柔らかい光が差し込み、空や森の緑を映し出す。この躍るような光がゲーリー建築の醍醐味だ。コレクションはLVMH（ルイ・ヴィトン・モエ・ヘネシー）グループCEOのベルナール・アルノーが所有する現代美術が中心。オラファー・エリアソンらのコミッションワークも楽しめる。幼い頃から現代美術に親しんで欲しいとの思いから、子ども向けプレイエリアの一角に作られたアートの遊園地だ。

クラシックな宮殿に輝く
ガラスのピラミッド

ルーヴル美術館
フランス、パリ｜イオ・ミン・ペイほか｜1793

レオナルド・ダ・ヴィンチ「モナ・リザ」、ミロのヴィーナスなど誰もが知る有名作品がある「ルーヴル美術館」は世界最大級のミュージアム。ヨーロッパのほか、エジプト美術、古代オリエント美術など約38万点を所蔵する。建物は12世紀にフランス王フィリップ2世が建設した宮殿がもとになっている。フランス革命後の1793年に美術館として開館した。

建設以来何度も増改築されているが、現在「ルーヴル美術館」のシンボルとなっているガラスのピラミッドが作られたのは1988年。中国系アメリカ人の建築家イオ・ミン・ペイの設計だ。2012年にはイタリアのマリオ・ベリーニとフランスのルディ・リチョッティによるイスラム美術ギャラリーが完成した。歴史ある美術館は常に新しいスタイルを求めている。

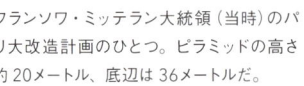

フランソワ・ミッテラン大統領（当時）のパリ大改造計画のひとつ。ピラミッドの高さ約20メートル、底辺は36メートルだ。

宮殿にふさわしい贅を尽くした室内装飾。「アポロンのギャラリー」(左)は
ドラクロワの天井画で飾られている。

炭坑の記憶を庭にとどめる
透明な光に溢れた美術館

ルーヴル・ランス
フランス、ランス | SANAA | 2012

文化芸術の首都への一極集中を避けるというフランス政府の政策に基づき、元炭坑の町に作られたルーヴル美術館の分館。透明さ、光の繊細な扱いを得意とするSANAA（妹島和世／西沢立衛）の設計だ。アルミとガラスに包まれた建物は外の景色をぼんやりと映し出し、内外の境界をあいまいにする。広々とした庭には炭坑の掘削穴や砂利運搬電車の線路あとに沿って植栽や散策路が配置され、歴史の記憶を思い起こさせる。「時のギャラリー」と呼ばれるグランド・ギャラリーは仕切りのない大空間。わずかに傾斜した床に誘われるように進むと、その先にはパリのルーヴル美術館の所蔵品が時間軸に沿って並ぶ。壁には紀元前3500年から1850年までの目盛りが刻まれて、美のグローバル・ヒストリーをたどれる。

コクトーの作品世界を
建築にした美術館

 ジャン・コクトー美術館−セヴラン・ワンダーマン・コレクション
フランス、マントン｜ルディ・リチョッティ｜2011

詩、映画、バレエ、絵画と多彩な才能を発揮したジャン・コクトー。彼は60歳を過ぎた頃からパリの喧噪を離れ、コート・ダジュールに初めて絵画のアトリエを構えてより大型の作品を制作するようになる。その彼がよく訪れていたマントンに作られたのがこの美術館だ。有機的に連なる木の枝のような建築は、地中海の強い太陽で白と黒のコントラストを作る。コクトーのモノクロームのフィルムや昼と夜を思わせる眺めだ。ここではベルギー出身の実業家、セヴラン・ワンダーマンが集めたコクトー作品を中心に約1800点を所蔵。近くには晩年のコクトーが改修を指揮した「要塞美術館」（旧コクトー美術館）や彼が壁画を描いたマントン市庁舎がある。南仏の明るい気候が育んだコクトーの傑作を楽しめる。

ストリートの活気を
内部に連続させる建物

FRAC マルセイユ
フランス、マルセイユ｜隈研吾｜2013

文化の拠点を地方に分散させるために、フランス各地に作られたFRAC（現代美術地域センター）のひとつ。地域の若手アーティストを支援するのが主な目的だ。格子模様に覆われた三角形の建物の中に入ると螺旋状になった通路や階段が上の階へと続く。設計者の隈研吾はマルセイユにあるル・コルビュジエの傑作、「ユニテ・ダビタシオン」に倣って、建物の中に外部のストリートを取り込んだ。ただし「ユニテ」では建物が柱で持ち上げられているため、地面と建物内の"ストリート"が切り離されてしまっているが、「FRAC」では地面からそのまま"ストリート"が続く。格子模様は四角いエナメル・ガラスのパネルを組み合わせたもの。オープンで透明なファサードが内外のぬけのいい空間を作り、地域のアート活動を促進する。

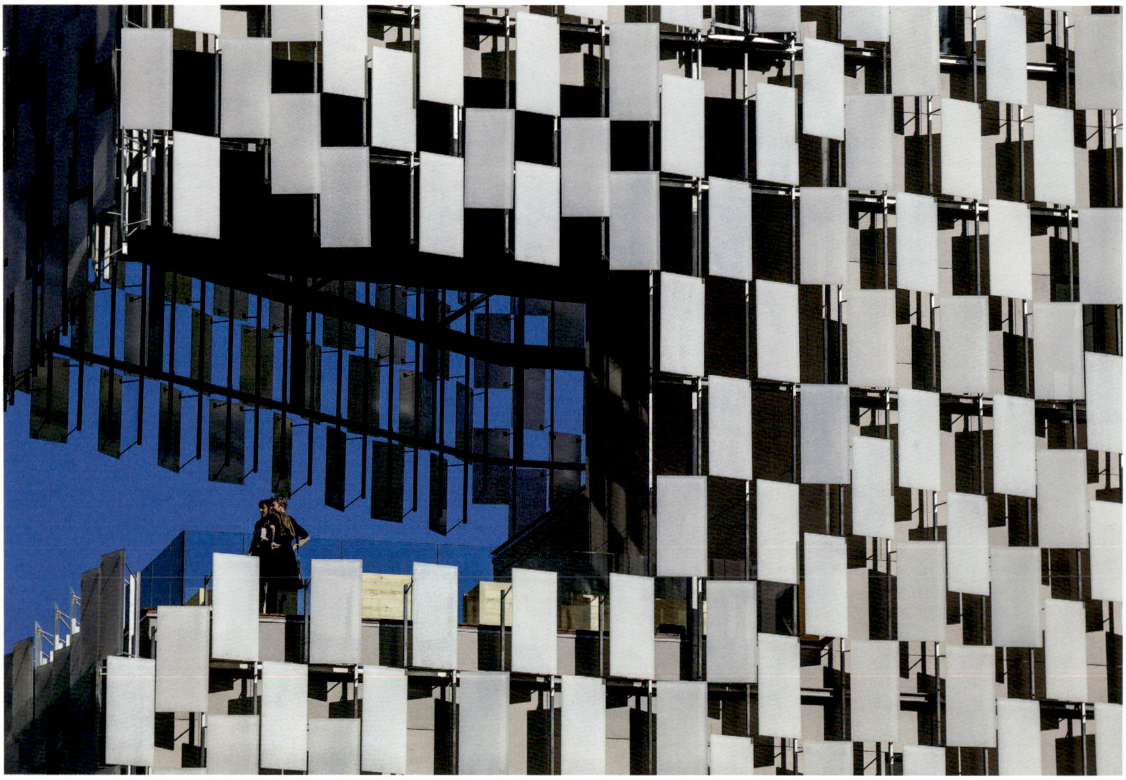

19世紀の美の空間を
そのままに保つ城

コンデ美術館-シャンティイ城
フランス、オワーズ｜ジャン・ビュランほか｜1898

パリから北へ50キロのところに建つルネサンス様式の城。その歴史は14世紀までさかのぼる。ジャン・ビュランによる増築などを経て今の形になったのは19世紀後半のこと。この城の最後の主だったオマール公アンリ・オルレアンが収集した美術品を飾る美術館だ。ラファエロ「三美神」「オルレアンの聖母子」、ピエロ・ディ・コジモ「美しきシモネッタ」など美術史に残る傑作が並ぶ。館内の壁に二段、三段と掛けられた名画はオマール公の遺言により、彼が亡くなったときのままに保たれている。また作品の貸し出しも認められていないので、この美術館のコレクションはこの城に行かなくては見ることができないのだ。天井も壁も装飾で埋め尽くされた華麗なダイニングや図書室なども見逃せない。

複雑だが均整のとれた美しい城。ナポレオン3世の統治下でイギリスに亡命していたオマール公が収集した美術品が並ぶ。

column

改装美術館
改装を施すことで新しく命を吹き込まれた建築物

万博のための駅舎から印象派の殿堂へと華麗な転身

　1900年のパリ万博のため建てられたオルセー駅舎が建物の原型。1986年に美術館としてオープンし、フランス近代絵画の殿堂、とりわけ印象派の一大コレクションが見られる場として世界中から来訪者を集めてきた。混雑が増す一方だったことから全面改装が行われることとなり、ドミニク・ブラールがパヴィヨン・アモン、ジャン・ミシェル・ウィルモットが印象派ギャラリーを、カンパナ・ブラザーズがカフェを担当した。最も混雑する印象派の展示室は回遊性を増すよう設計され、壁面を作品の雰囲気に合った色にしたり、新たな採光・照明システムを導入したり、床に木材を使用して温かみある空間を目指したりと、安全性と快適性を大幅に改善した。

オルセー美術館
フランス、パリ｜ドミニク・ブラール、ジャン・ミシェル・ウィルモット、カンパナ・ブラザーズ｜2008

ラピシーヌ工芸美術館（ルーベ工芸美術館）
フランス、ルーベ｜ジャン・ポール・フィリポン｜2001

プールの記憶を残す
水と自然光に満ちた美術館

　フランス北部のノール県リール郡ルーベ市にあるラピシーヌ工芸美術館（ルーベ工芸美術館）の前身は、1932年から1985年まで市営プールだったアールデコ様式の建築物。老朽化のため閉鎖されていたが、1998年にミュージアムとして利用されることが決まり、建築家フィリポンによって3年の月日をかけて修復改装が行われた。プール部分は縮小されたものの浅く水が張られており、往時の雰囲気を色濃く残してある。屋根はかまぼこ型で、両側に半円形のステンドグラスが施され、ふんだんに自然光が取り込めるようになっている。

レッド・ドット・デザイン・ミュージアム
ドイツ、エッセン｜ノーマン・フォスター｜1997

炭坑がもつ独特の素材や構成を活かした
エコロジカルミュージアムの先駆け

　ルール工業地帯の産業遺産として世界遺産に登録されているツォルフェライン炭鉱業遺産群の一角にあるミュージアム。1851年から1986年まで採炭が行われていた歴史あるツォルフェライン炭鉱のうち1932年に開かれた第12採掘坑は、バウハウス様式の影響を受けた「世界で最も美しい炭鉱」と呼ばれた。この第12採掘坑エリアのボイラーハウス跡がノーマン・フォスターの設計により改装されて、デザインミュージアムを併設するノルトライン・ヴェストファーレン・デザイン・センターとなった。ミュージアムでは同センターの創設したすぐれたプロダクトデザインに贈られるレッド・ドット・デザイン賞の受賞と展示が行われている。炭坑跡地の独特の素材と構成を活かした展示空間は、エコロジーミュージアムの先駆けとなった。

巨大なタービン・ホールを抱えた
もと発電所の美術館

テート・モダン
イギリス、ロンドン | ヘルツォーク&ド・ムーロン | 2000

1947年と63年に建設された発電所は、ロンドン南部のバタシー発電所と同じジャイルズ・ギルバート・スコットの設計。81年に発電所としての機能を終え、取り壊されることに。しかし、展示スペースの不足に悩まされていたテート・ギャラリー（現テート・ブリテン）が、ここを新しい分館とすることを発表。国際コンペでスイスの建築ユニット、ヘルツォーク&ド・ムーロンが優勝し、インダストリアルな雰囲気が魅力の美術館に生まれ変わった。展示は近現代美術が中心。発電所があった巨大なタービン・ホールにもインスタレーションが展示されることがあり、2002年のアニッシュ・カプーアの展示の際は「世界最大の彫刻」と喧伝された。かつての発電所はアートという新しいエネルギーを生み出している。

タービン・ホールは圧倒的な大きさ。これまでルイーズ・ブルジョワやカールステン・ヘラーらが作品を展示している。

水辺に建つ工場のような
街と川をつなぐ
巨大なチューブ

リバーサイド交通博物館
イギリス、グラスゴー｜ザハ・ハディド｜2011

クライド川に面して建つ工場のようなギザギザの建物。イギリスでザハ・ハディドが初めて実現させた大型建築だ。そのギザギザしたチューブはそのままZ状にうねって街のほうへと続く。内部はライン状の光が走り、躍動感を感じさせる。グラスゴーはかつて造船や海運、工業で栄えた。この巨大な建築には造船技術者へのリスペクトが込められている。展示室には馬車や初期の自動車、機関車、路面電車や自転車など3000点以上の資料が並ぶ。上端がギザギザになった大きな窓に向かってパレードしていくような自動車の展示は圧巻だ。吹き抜けの上からの見下ろしなど、ザハ建築ならではのダイナミックな眺めも楽しい。昼は外壁がにぶく光り、夜は大きな窓から光が漏れて、それぞれに違う光の表情が現れる。

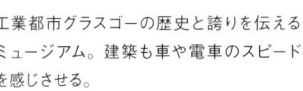

工業都市グラスゴーの歴史と誇りを伝えるミュージアム。建築も車や電車のスピードを感じさせる。

半透明のタワーに守られた
ふたつの巨大ロケット

ナショナル・スペース・センター
イギリス、レスター | ニコラス・グリムショー
2001

宇宙や宇宙開発について学べる施設。その中でも一番目立つのが、ニコラス・グリムショーがデザインした高さ42メートルの「ロケット・タワー」だ。有機的で未来的なデザインを得意とするグリムショーは、フッ素樹脂を塗った半透明のバルーンがそびえ立つタワーを作った。60年代に人工衛星の打ち上げに使われた「ブルー・ストーク」と月面到達を目指して開発された「ソー・エイブル」の2台のロケットの実機が設置されている。センターのもうひとつの目玉は2012年にオープンしたイギリス最大級の「サー・パトリック・ムーア・プラネタリウム」。このほかにも宇宙服や旧ソ連の宇宙船「ソユーズ」、人工衛星、隕石、月の石などが展示され、インタラクティブな仕掛けで宇宙に関する知識を増やすことができる。

戦争の真実を伝える
大地・大気・水を象徴する建築

 インペリアル・ウォー・ミュージアム・ノース
イギリス、マンチェスター｜ダニエル・リベスキンド｜2001

第一次世界大戦以降のイギリス及びイギリス領における戦下の市民生活の記録を展示するミュージアム。ポーランド出身の建築家、ダニエル・リベスキンドの設計だ。「破壊された地球の断片を組み合わせた建築」がコンセプトになっている。大地・大気・水を象徴する3つの要素は、20世紀に絶え間なく起こった陸・空・海での人類の衝突を象徴したものだ。中でも大気を表す、鉄骨でできた高さ55メートルの塔は圧巻だ。ガラスを通してマンチェスターの街並みを一望できる。運河に沿って伸びる水を象徴するエリアには、水辺を散策できるデッキやカフェなどが。大地を象徴する展示室では部屋全体にモノクロの映像が投影され、爆撃音が鳴り響く。戦争を美化することなく、その真実を伝えている。

インペリアル・ウォー・ミュージアム・ノース

三つの棟がぶつかり合うように配置されたミュージアム。
不均衡でシャープな造形が戦争の緊張を思わせる。

運河の水と空を映す
幾何学形態が
ぶつかり合う美術

ローリー・センター
イギリス、マンチェスター
ジェームス・スターリング / マイケル・ウィルフォード
2000

円筒形のタワーの脇に建つ八角形の棟に、突き刺さるようにして作られた半円柱の構造物。幾何学形態がぶつかり合う建物はジェームス・スターリングとマイケル・ウィルフォードが共同で設計した「ローリー・センター」。設計途中でスターリングが急死したため、ウィルフォードが後を引き継いで完成させた。巨大な船のような建物の外観はガラスとステンレスのクールな表情だが、中では鮮やかな色彩が躍る。この美術館は20世紀前半のマンチェスター出身の画家、L・S・ローリーのために作られたもの。工場や風景などの絵画で知られる。この美術館の、運河を挟んで向かい側にはダニエル・リベスキンドが設計した「インペリアル・ウォー・ミュージアム・ノース」が。ふたつの建築がそれぞれに個性を主張している。

湖のほとりに建つ
スイス・ミニマリズムの真髄

ブレゲンツ美術館
オーストリア、ブレゲンツ｜ピーター・ズントー
1997

オーストリアとドイツ、スイスの国境に位置するボーデン湖のほとりに建つ、コンクリートとオープンジョイントのガラス板で構成された精緻で機能的な美術館。外観は、上下左右に微妙な角度を持つガラスで鱗状に覆われ、見る角度、天候状態、時間などによって、さまざまな表情を見せる。内部は独特の採光システムが採用されており、各階の天井裏に採光のためだけのスペースを確保。これにより昼間の自然光が天井のフロストガラスを通じて展示室に入ってくるという仕組みだ。人工的な照明器具に邪魔されることのない、自然光による美術鑑賞を実現させた。1998年、ミース・ファンデル・ローエ賞（EU現代最優秀建築賞）、建築家自身にもカールスベルグ建築賞受賞をもたらした。

光るファサードが
街を刺激する巨大な
生きもののような建築

グラーツ美術館
オーストリア、グラーツ
ピーター・クック／コリン・フルニエ｜2003

2003年、グラーツがヨーロッパ文化首都に指定されたのを機に出現した、巨大な生きもののような建築。アンビルト（建てない）な建築家として知られるイギリス建築界の巨匠、ピーター・クックが初めて実現させた建築だ。「フレンドリー・エイリアン」の愛称で親しまれている建物は近くに建つ古くからの時計塔と対照的な姿を見せる。屋根に突き出た角のような突起は、北からの安定した自然光を採り入れる。東側の外壁にはベルリンの建築ユニット「リアリティーズ：ユナイテッド」による、930の蛍光灯を使った「BIXメディア・ファサード」が作られた。ここでは随時、アーティストたちがこの蛍光灯や音、煙などを使ったアートを見せる。展示室内でも最先端のアートが展示されて、歴史ある街に新風を吹き込む。

建築、デザイン、アート、映画など異なるジャンルがひとつの空間に集まり、ミックスされて新しいクリエイションを生む。

39

クリムトの壁画に飾られた
ハプスブルク家の
財宝が迎える館

ウィーン美術史美術館
オーストリア、ウィーン
ゴットフリート・ゼンパーほか | 1891

ハプスブルク家の皇帝が代々収集してきた美術品を展示するために建てられた美術館。設計者のゼンパーが、古代ローマの都市計画を参照したという建物は左右対称の堂々たるもの。壮麗な天井装飾が施された館内にはアントニオ・カノーヴァの彫刻「テセウスとケンタウロスの戦い」や、クリムトがエジプトやイタリアなどの美術史を人物像に託した壁画などで飾られている。コレクションの中心は古代ギリシャ・ローマの彫刻や16〜17世紀のオーストリア、ドイツ、スペインなどハプスブルク家の領土で描かれた絵画など。中でも「バベルの塔」「子供の遊戯」などピーテル・ブリューゲルの作品数は世界最大だ。そのほかカラヴァッジオ、ベラスケス、フェルメールなどの傑作がハプスブルク家の栄華を物語る。

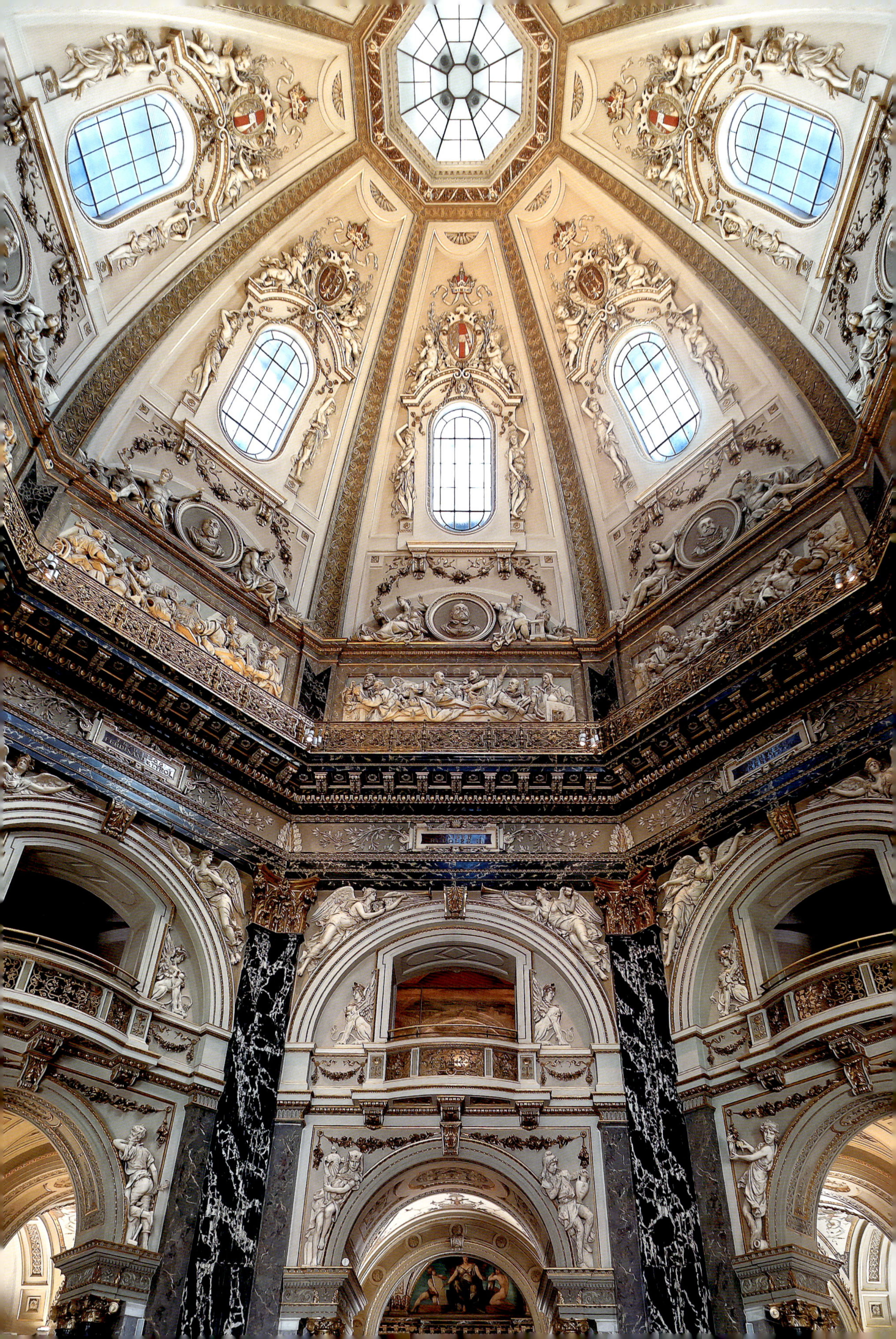

ウィーン世紀末美術の粋を集めた
華麗な夏の離宮

ベルヴェデーレ宮殿
オーストリア、ウィーン｜ヨハン=ルーカス・フォン・ヒルデブラント｜1781

トルコからウィーンを救ったオイゲン公の夏の離宮として建てられたバロック様式の宮殿を美術館にしたもの。美しいフレスコの天井画で飾られた「大理石の間」がある上宮には「接吻」「ユーディット」など世界最大のクリムトのコレクションやエゴン・シーレ、オスカー・ココシュカらの名作が並ぶ。企画展が開かれる下宮は「グロテスクの間」「大理石のギャラリー」「黄金の広間」など、華麗な模様や金箔で埋め尽くされた空間が見ものだ。オイゲン公の厩舎だった建物には、鮮やかに彩られた中世・ゴシックの宗教画などが並ぶ。オランジュリーでは現代美術の企画展が開かれたり、1996年に没したオーストリアの現代美術作家、ヘルベルト・ベックルのアトリエが再現されていたりと現代のアートも楽しめる。

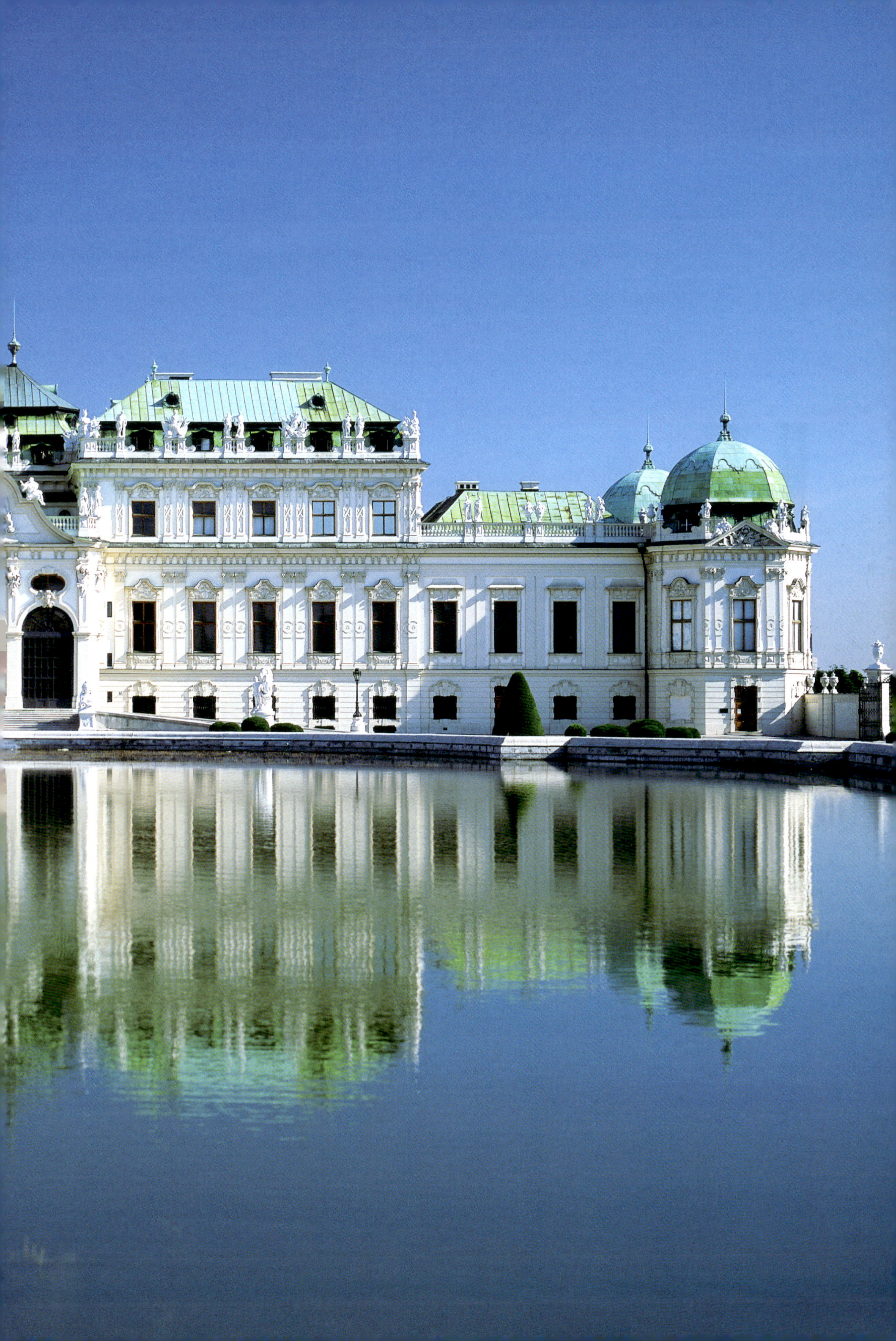

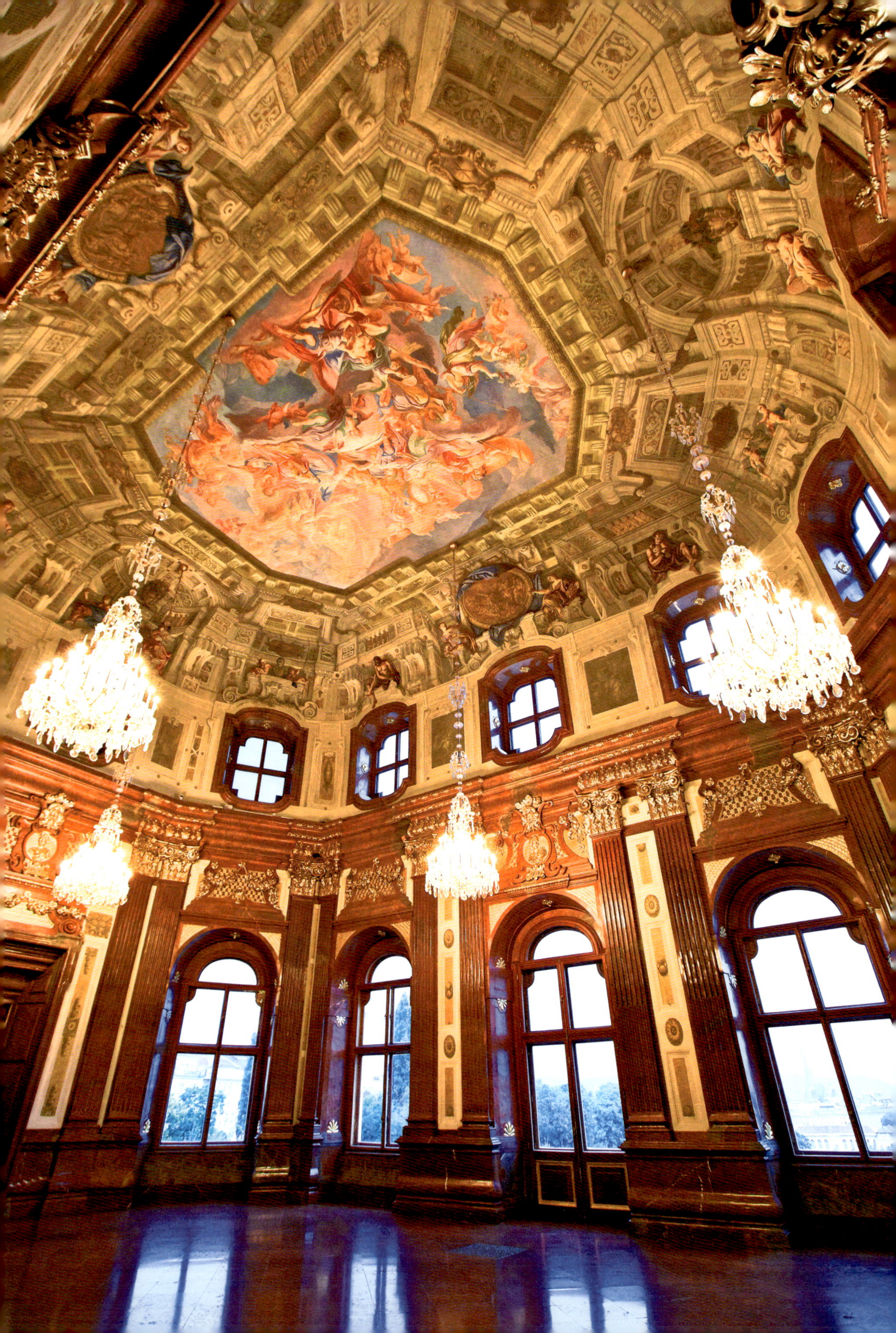

ベルヴェデーレ宮殿

古都に輝く金色の
キャベツを載せた美術館

セセッション館
オーストリア、ウィーン
ヨーゼフ・マリア・オルブリッヒ | 1898

19世紀末ウィーンで、画家グスタフ・クリムトを中心に結成された芸術家や建築家、デザイナーのグループ「分離派」。アール・ヌーヴォーなどに影響を受けた装飾的な作風の彼らが当時の保守的な美術界に反発し、自らの作品を展示する施設として建てたのがこの美術館だ。屋根で輝く金色のドームは月桂樹の葉のデザイン。入り口には魔除けのゴルゴーン三姉妹のレリーフがある。クリムトの傑作である壁画「ベートーヴェン・フリーズ」は1902年に開かれた展覧会のために制作され、展覧会の終了後は撤去される予定だった。その後、壁画は取り外されるが、現在はもとの壁画として公開されている。新しい芸術を生み出そうとした彼らの精神は今も引き継がれ、現代美術作家による展覧会が活発に行われている。

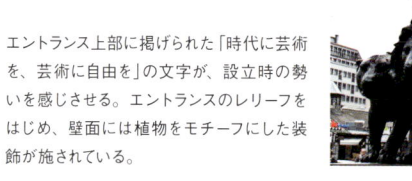

エントランス上部に掲げられた「時代に芸術を、芸術に自由を」の文字が、設立時の勢いを感じさせる。エントランスのレリーフをはじめ、壁面には植物をモチーフにした装飾が施されている。

DER·ZEIT·IHRE·KVNST·
DER·KVNST·IHRE·FREIHEIT·

48

穏やかな水に浮かぶ
端正な
ガラスとコンクリートの箱

ランゲン・ファンデーション
ドイツ、ノイス｜安藤忠雄｜2004

「ランゲン・ファンデーションの建築は私のコレクションの中で最も大きな作品です」とランゲン・ファンデーションのオーナーであり、アート・コレクターのマリアンネ・ランゲンはいう。そこに建てる美術館の設計者に安藤忠雄を推薦したのは、隣接する「インゼル・ホンブロイッヒ美術館」の設立者であり、コレクターのカール゠ハインリッヒ・ミュラーだった。中央に階段のある長方形の箱に、ガラスの中にコンクリートの箱が封じ込められた細長い箱が45度の角度で配置されている。コレクションは20世紀絵画と日本美術、アジア・アフリカ・南米などの美術。日本美術の展示室は安藤の提案で、細く長く続くスペースに。ガラスの箱の先には水盤がさざ波をたてる。なめらかなコンクリートが静けさを際立たせる。

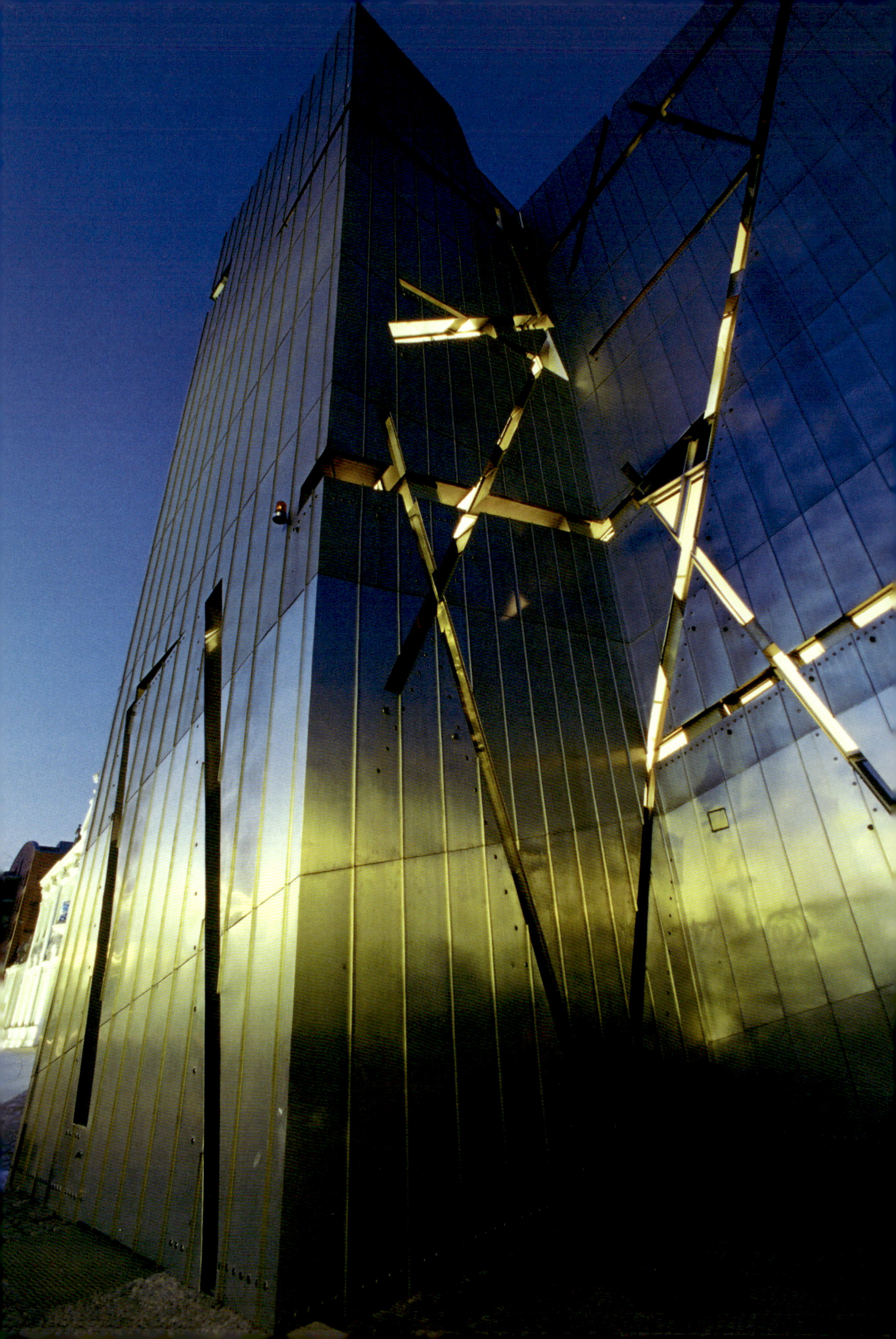

歪んだ建物自体に
込められた
民族の苦難の歴史

ユダヤ博物館
ドイツ、ベルリン｜ダニエル・リベスキンド
2001

敷地内をジグザグに走る建物。内部では床が傾き、ユダヤ人犠牲者の遺品が浮かび上がる。「記憶のヴォイド」と呼ばれる空間には、床じゅうに顔のように見える丸い鉄板が敷き詰められ、踏むと悲鳴のような音を立てる。真っ暗闇の中、高いところからわずかに光が差し込む空間も。「ユダヤ博物館」はホロコーストを記憶する博物館。展示品ばかりでなく、建物そのものが民族の苦難の歴史を象徴する。設計者のダニエル・リベスキンド自身もポーランド出身のユダヤ人だ。この博物館が出世作となり、世界中に知られるようになった。「亡命の庭」と呼ばれるスペースには49本の傾いた柱が立ち並ぶ。歩いて行くうちに平衡感覚を失い、不安な気持ちにさせられる。身体にダイレクトに訴えかける、稀有な空間だ。

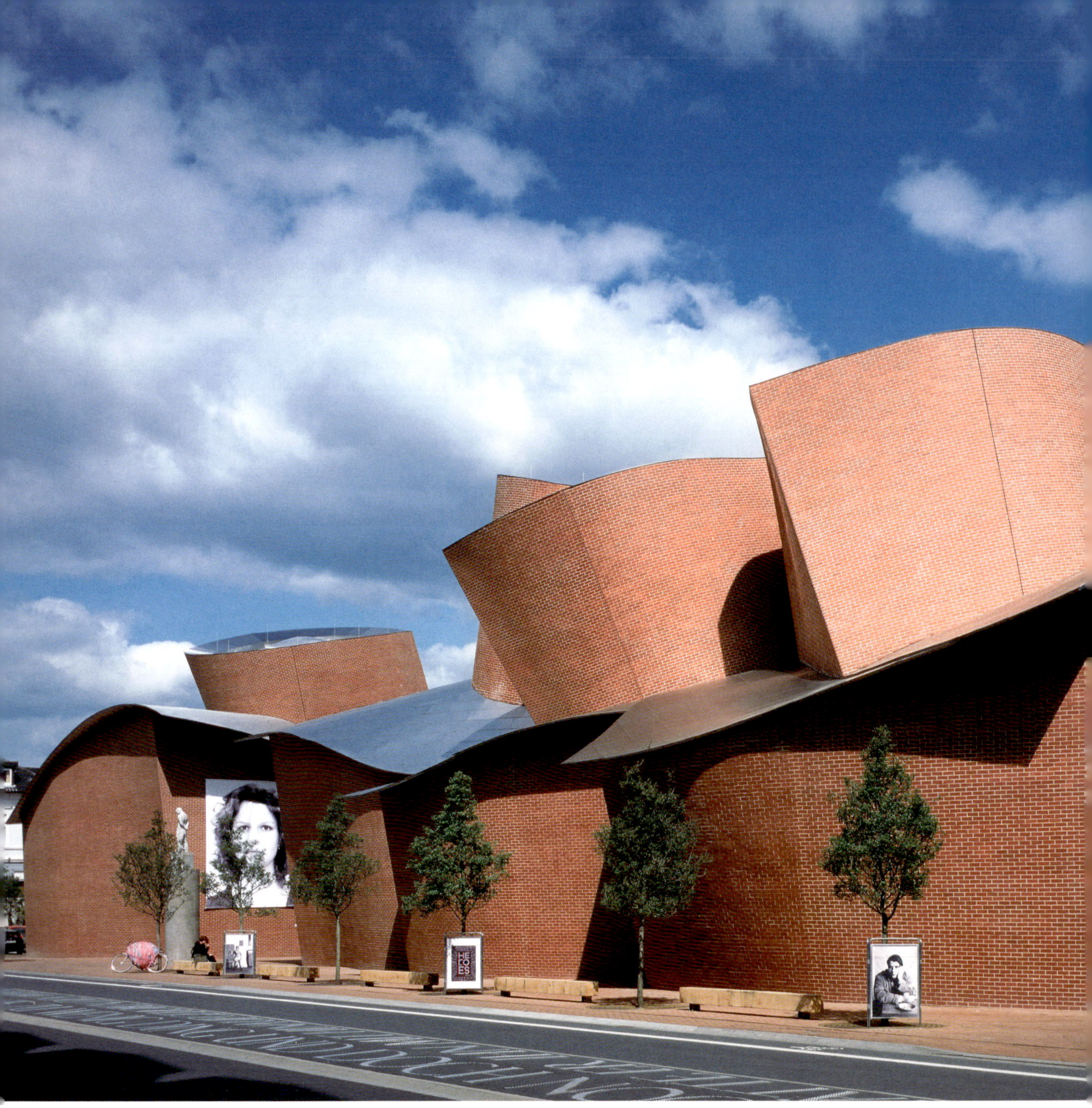

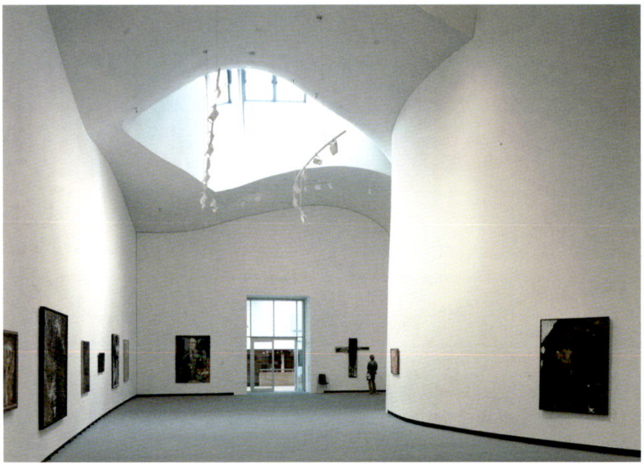

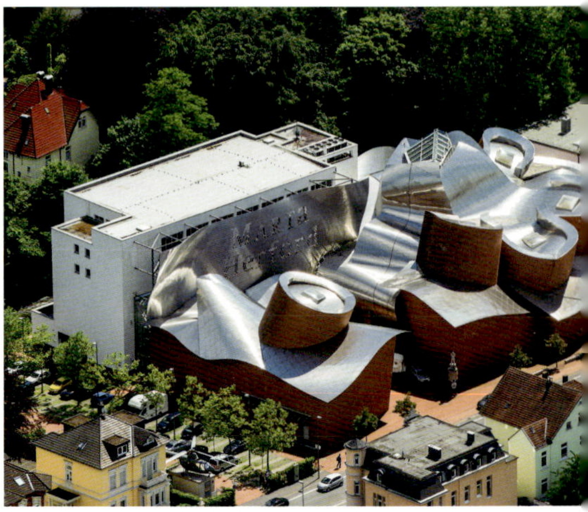

中世都市の中心に現れた
うねるレンガの建物

マルタ・ヘルフォルト美術館
ドイツ、ヘルフォルト | フランク・ゲーリー | 2005

上から見ると開いた花のようにも見える建物。フランク・ゲーリーらしい踊るようなフォルムが特徴的な美術館だ。濃い赤レンガは中世からの歴史を持つ都市の記憶を継承するもの。輝くステンレスの屋根が切れのいいコントラストを見せる。内部でも外観と同じようにうねり、傾いた壁に囲まれて身体感覚が変容していく。一隅にある1959年に建てられたテキスタイル工場はほぼもとの形のまま使われており、動きのあるゲーリー建築と対照的だ。コレクションの中心はパナマレンコ、蔡國強など約350点の現代美術作品。大型作品が多く、アートと空間のダイナミックさが際立つ。観賞のあとはアー川にせり出したバルコニーで一服しよう。川を渡る風の心地よさがアートの記憶をより深いものにしてくれる。

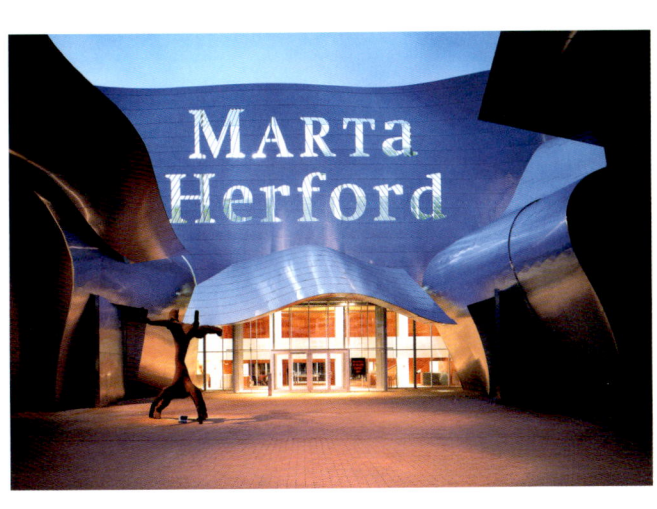

歴史ある町を流れるアー川のほとりに建つ。一見、奇妙な形だが、うねる壁に光が柔らかく反射し、不思議とアートに自然に寄り添う。

古典主義建築の引用と
鮮やかな色がぶつかり合う
ポストモダン建築の傑作

シュターツギャラリー
ドイツ、シュツットガルト
ジェームズ・スターリング | 1984

1843年に建てられた旧館の増改築プロジェクト。機能主義を優先したモダニズム建築の"白い箱"へのアンチテーゼとして生まれた、ポストモダン建築の傑作だ。設計はイギリスの建築家、ジェームズ・スターリング。近代を代表する素材である鉄をピンクやオレンジ、グリーンなどの鮮やかな色で塗りわけ、古典主義建築を引用した石灰石や砂岩の壁と対比を見せる。館内でも出入り口の上に破風（切妻屋根の形の飾り）をつけたり、柱の上部を膨らませるなど、随所にポストモダン建築的な要素が顔を見せる。コレクションではシュツットガルト出身でバウハウスの舞台工房マイスター（教授）を務めたオスカー・シュレンマーの作品が有名。そのほか14〜16世紀のドイツを中心とする北方ルネサンスからキーファーなどの近現代美術まで、幅広いコレクションを誇る。

グリーンのフレームがうねるファサードが目印。緩やかな敷地の傾斜に沿って、観客を自然に中に導く。

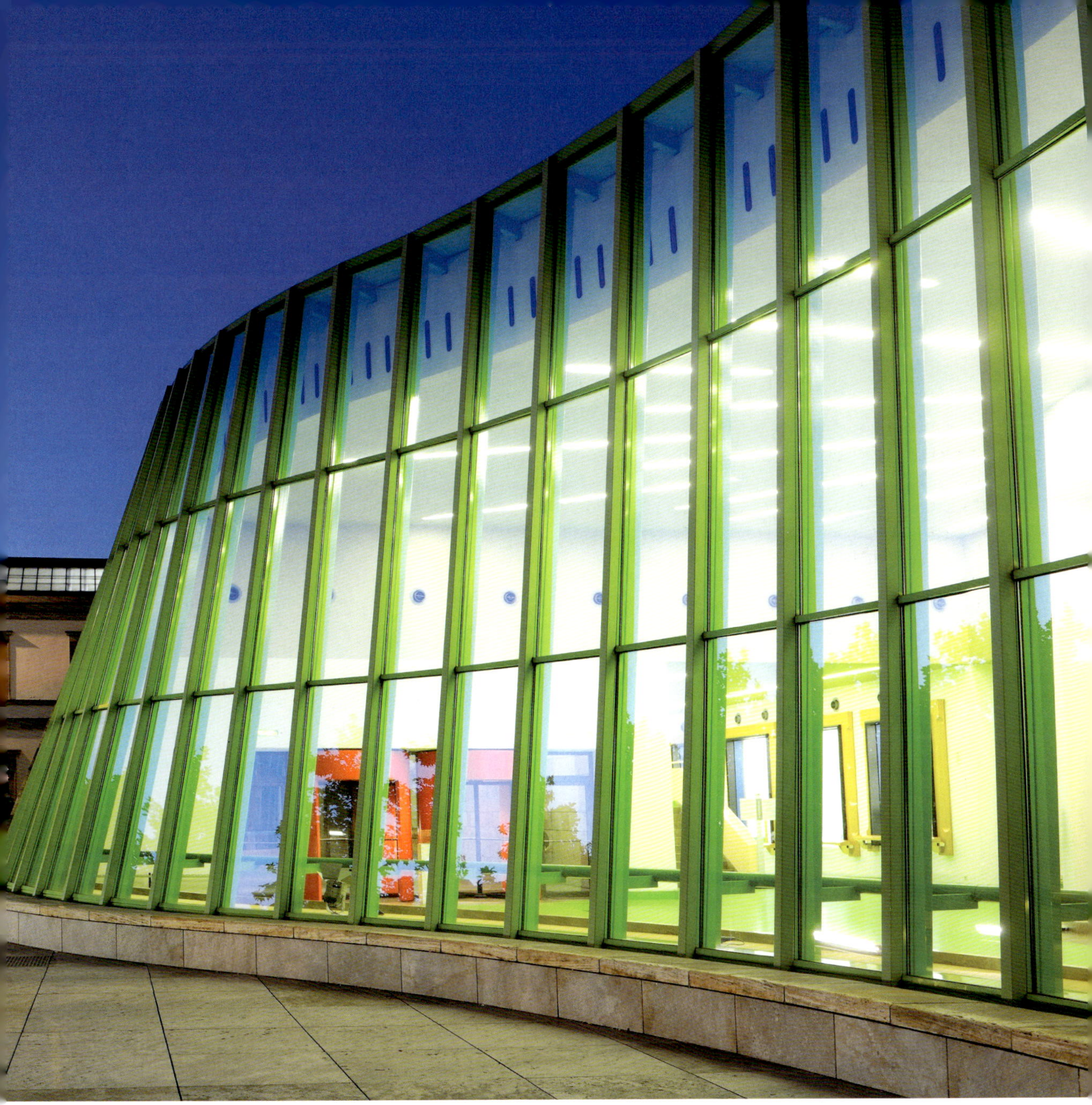

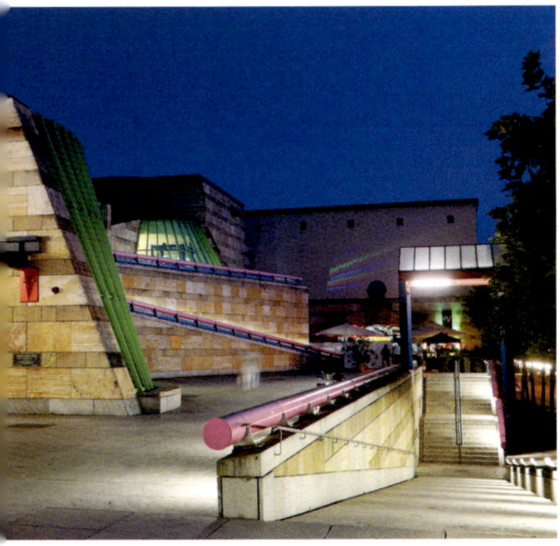

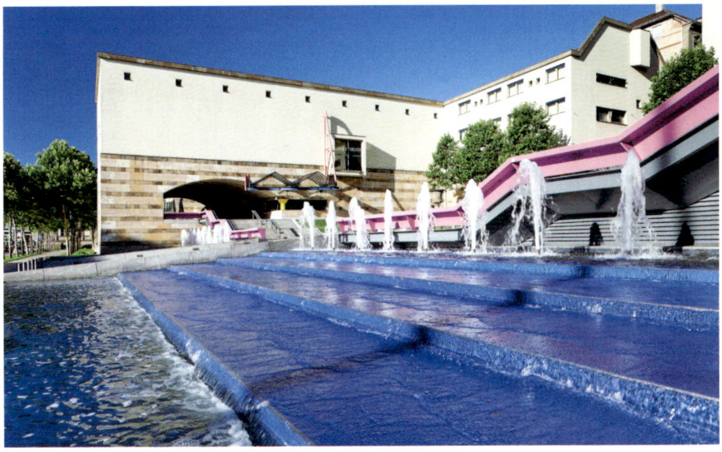

自然とアートが対話する
小さな館を巡る旅

インゼル・ホンブロイッヒ
ドイツ、ノイス | ヘーリッヒ | 1987

小さな森や池がある広大な公園の中にぽつんぽつんと建つパビリオン。彫刻家、ヘーリッヒがデザインした大小さまざまな形をしたパビリオンだ。観客は庭園を散歩しながら点在するパビリオンを巡り、その館の主である絵画や彫刻などのアートと出合う。館の外にもアートが置かれ、木の緑や鳥のさえずりと対話する。この美術館はデュッセルドルフのアート・コレクター、カール゠ハインリッヒ・ミュラーが荒れ果てていた公園を手入れし、ヘーリッヒにパビリオンを依頼して作ったもの。ハンス・アルプ、セザンヌ、中国の古い彫刻などのアートは年代順などのように教育的な順番ではなく、新旧を対比させるなどの配置で展示される。アートと内的な会話を味わえるように、という配慮だ。

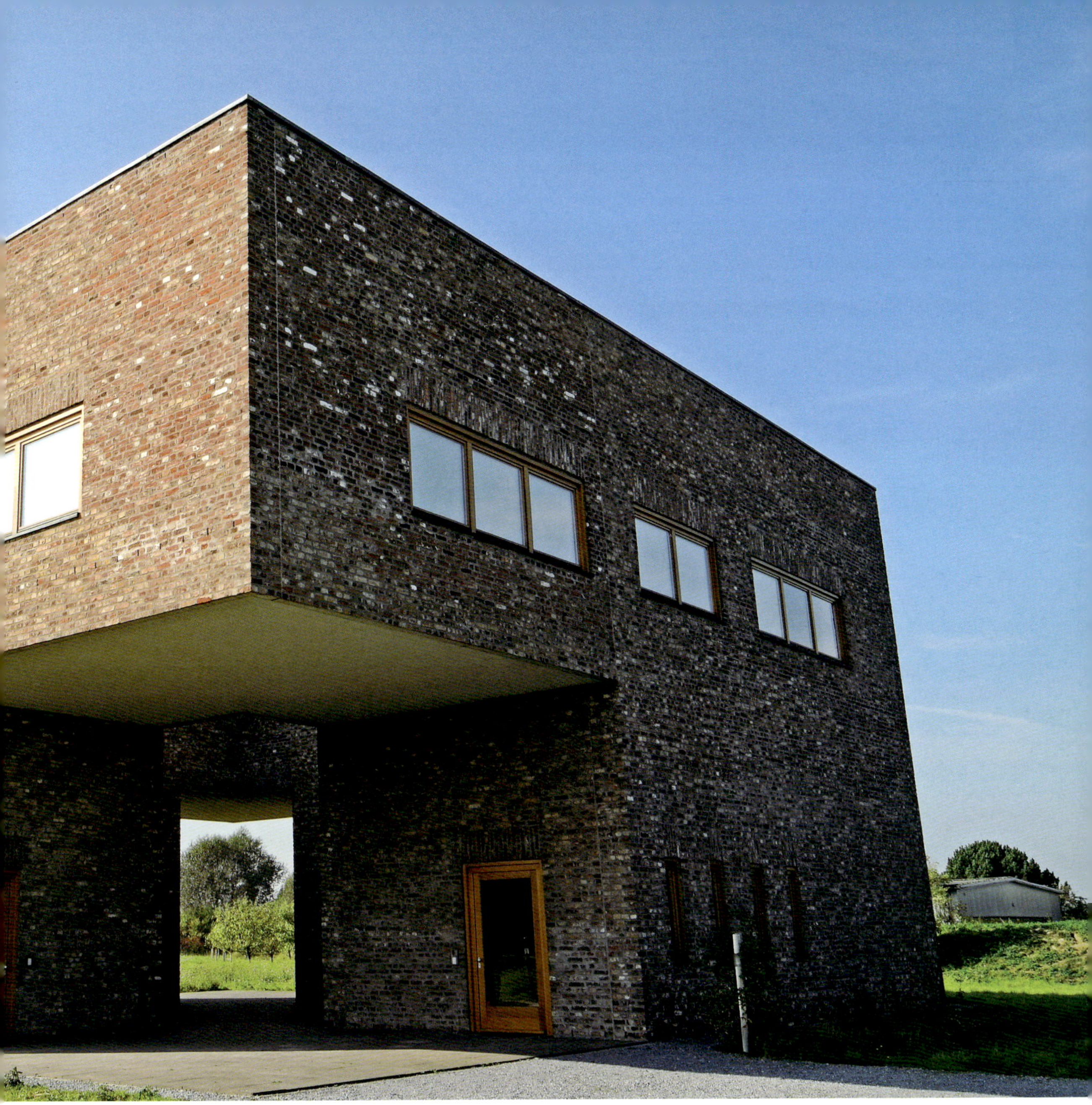

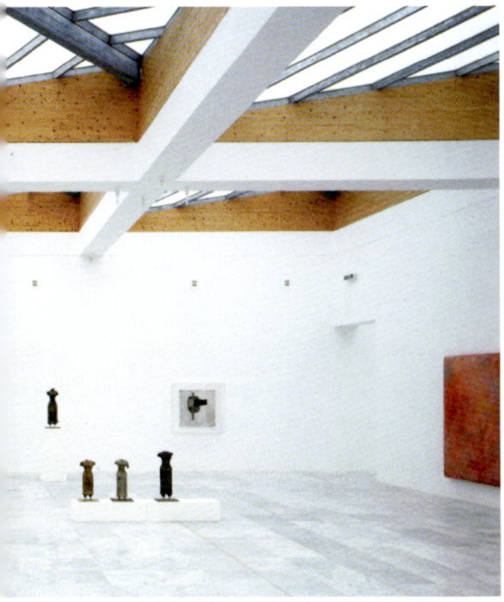

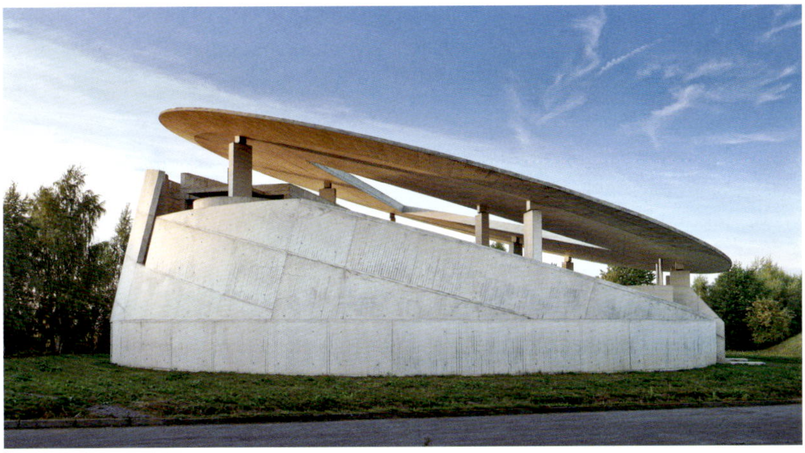

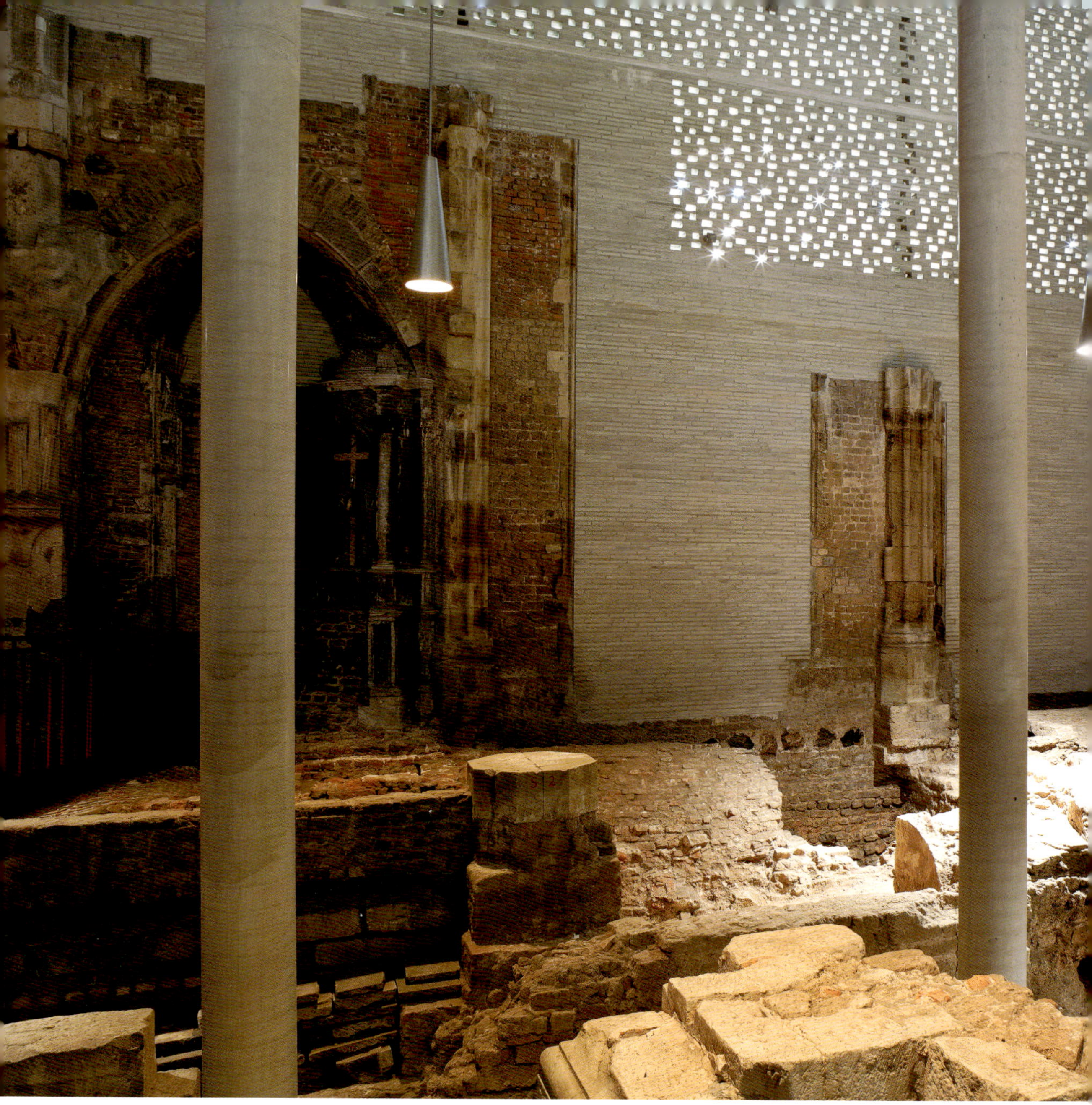

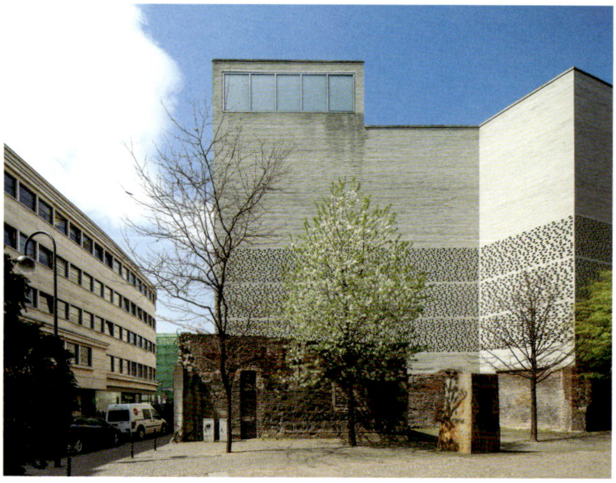

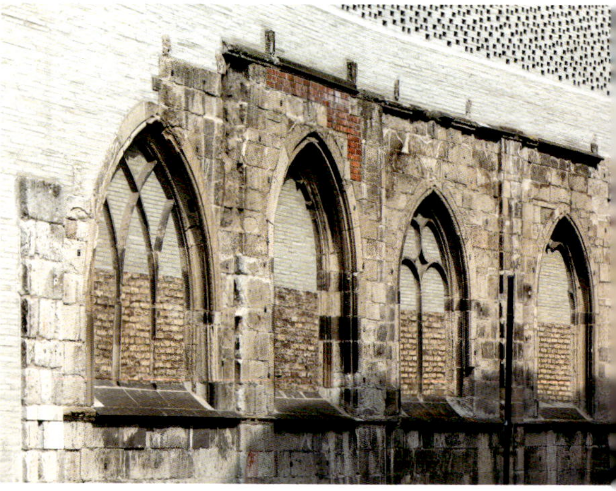

長い信仰の歴史が
織り込まれた美術館

聖コロンバ教会ケルン大司教区美術館
ドイツ、ケルン｜ペーター・ズントー｜2007

1853年にキリスト教美術協会によって設立され、第二次世界大戦で破壊された「聖コロンバ教会」。戦後は建築家、ゴットフリート・ベームによって八角形の小さな礼拝堂が建てられた他は廃墟のままになっていた。改修を依頼されたスイスの建築家、ペーター・ズントーは礼拝堂を含む廃墟はそのままに、周りを細かい穴のあいた壁で覆った。壁の穴から光や風がこぼれる。その上に増築した展示室は廃墟とは対照的ななめらかな壁のある空間だ。壁の高いところにある窓や、壁全面を占める窓から入る光がアートに深みのある陰翳をつける。展示されているのはキリスト教美術協会が集めてきた2000年に及ぶキリスト教美術と、リチャード・セラなどの現代美術。建物にもアートにも長くて複雑な歴史が織り込まれている。

完璧主義者であり、寡作で知られる建築家の傑作。壁にあいた細かい穴から廃墟に光が降る。静けさの中で石とアートが語り出すような建築。

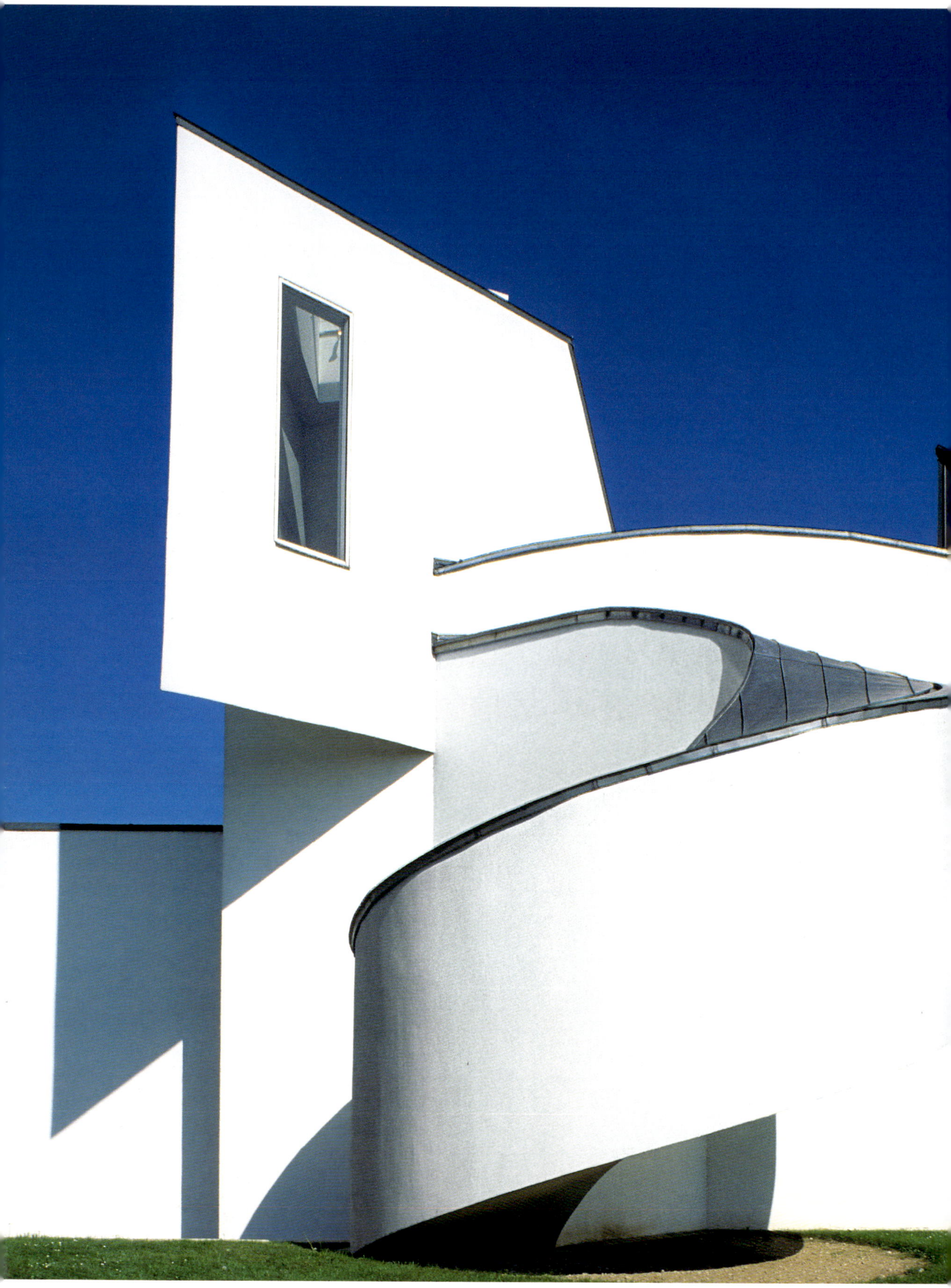

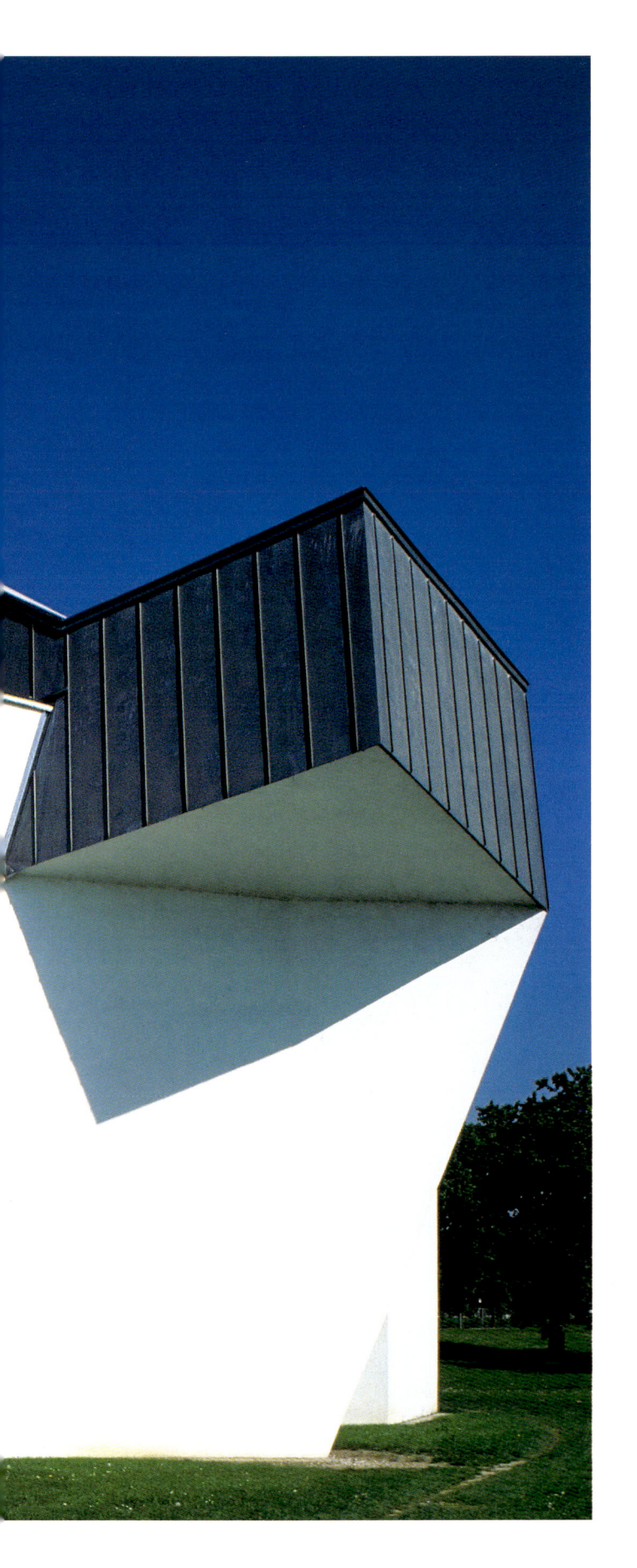

白い迷路の中
光に導かれる
フランク・ゲーリー初期の
傑作

ヴィトラ・デザイン・ミュージアム
ドイツ、ヴァイル・アム・ライン│フランク・ゲーリー
1989

スイスの家具メーカー、ヴィトラ社の「ヴィトラ・キャンパス」と呼ばれる敷地内にあるミュージアム。同社が所蔵するイームズ夫妻、ヴェルナー・パントンらの展示や、企画展が行われる。設計はフランク・ゲーリー。遅咲きだった彼の初期作品にあたる建築だ。傾き、くねくねとうねる壁の中の展示室には天窓や次の展示室からの光が差し込み、その光に誘われるように次の展示室へと進むことになる。白い迷路の中を光に導かれる感覚が味わえる。このミュージアムの完成後、ヴィトラ・キャンパスには安藤忠雄のセミナー・ハウス、ザハ・ハディドの消防署、ヘルツォーク＆ド・ムーロンのショップなどが作られた。アーティスト、カールステン・ヘラーの展望台も。建築ミュージアムとしても楽しめる場所だ。

庭の起伏をそのまま建築にした
ランドスケープのような美術館

オードロップゴー美術館（増築）
デンマーク、コペンハーゲン｜ザハ・ハディド｜2005

「オードロップゴー美術館」は保険会社社長夫妻の邸宅を美術館にしたもの。クラシカルな洋館とザハ・ハディド設計の新館が並ぶ。ザハの新館は地形の高低差が盛り上がって建物になったような建築だ。上から見ると枝分かれした植物のような形をしている。流線型をした建物は庭に流れ出た川のようにも見える。長く伸びた建物の側面は床から天井まであるガラスがはめ込まれ、室内にいるはずなのに庭の中を散策しているような気分だ。コレクションは「デンマークの黄金時代」と呼ばれる絵画と印象派やドラクロワ、マティスなどフランスの画家たちの作品が中心。敷地内にはデンマークの近代デザインを推進したフィン・ユールの自邸も。フィン・ユールの白亜の邸宅、本館、ザハの新館と建築博物館としても楽しめる。

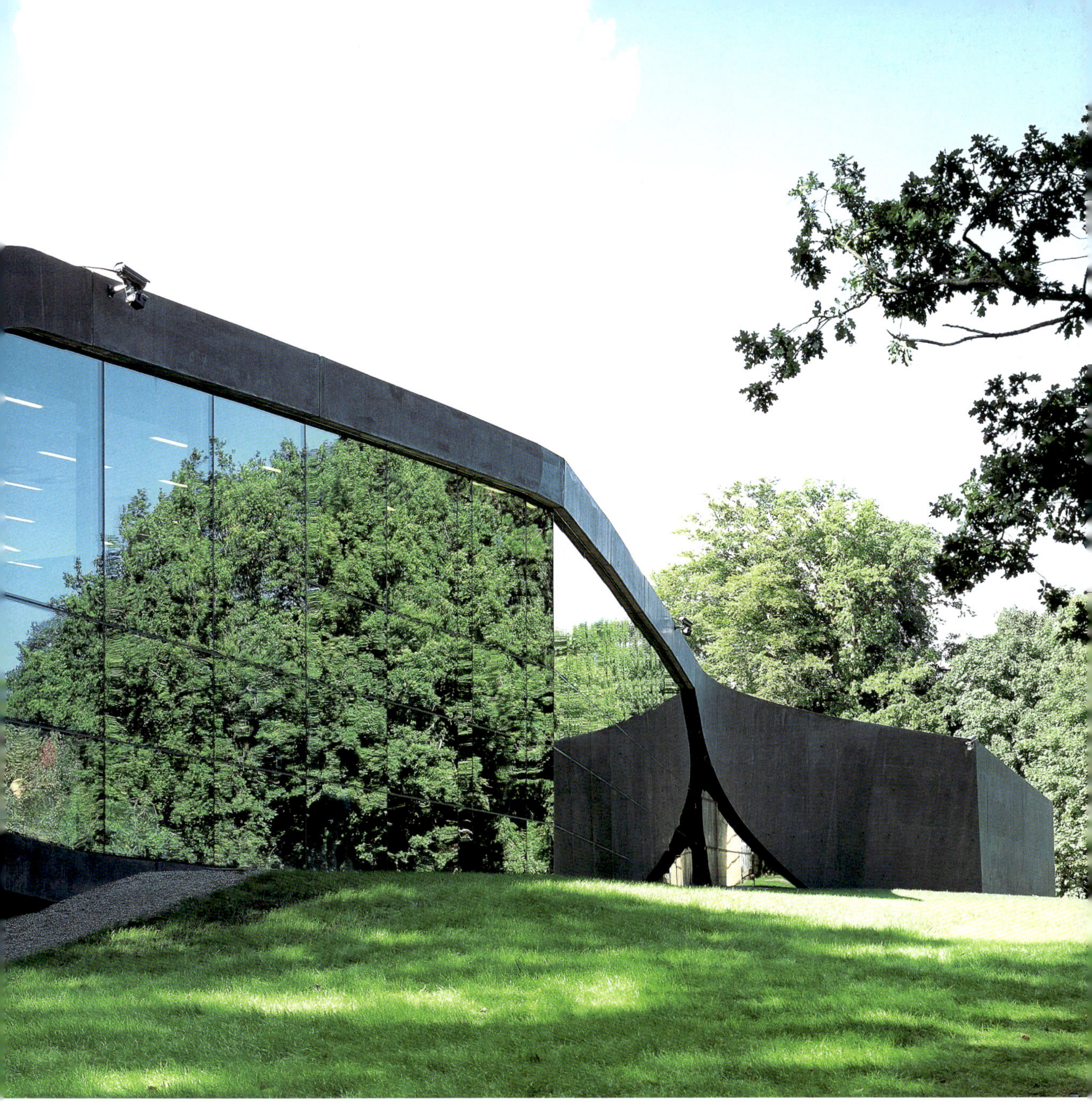

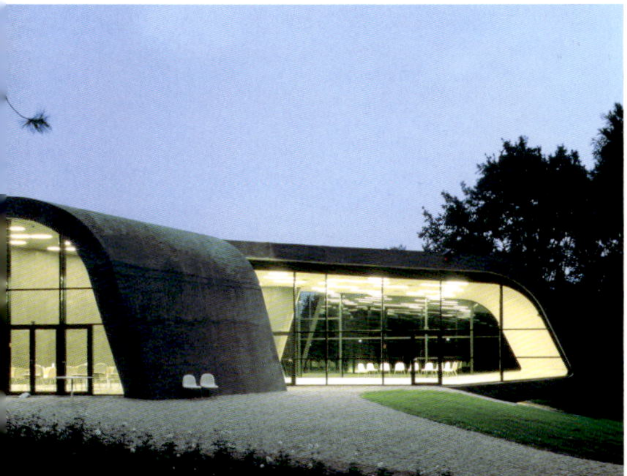

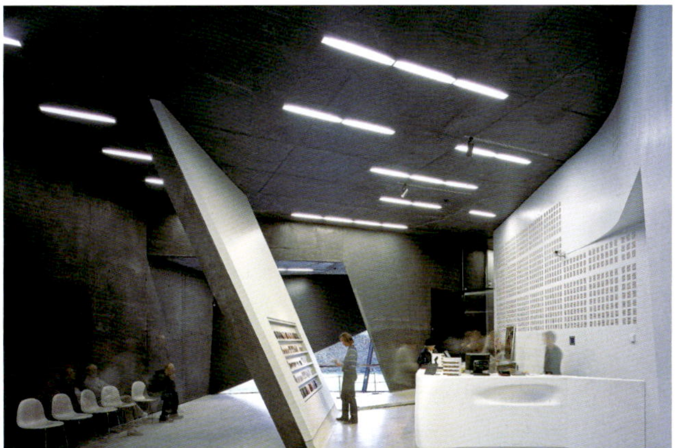

column

企業美術館
メセナの一環として市民とアートの出会いの場をつくる

カルティエが生んだパリにおける現代美術の拠点

　ジュエリー・ブランドが設立した財団が運営する、現代美術支援のための拠点。ジャン・ヌーヴェルによるガラス張りの建物は、パリの街並みにあってもひときわスタイリッシュでよく目立つ。旬な世界的現代アーティストの展覧会が続々と開かれ、日本人でも村上隆や森山大道、北野武らの個展が好評を博してきた。

　建築的特徴としては、ガラスを多用していることが真っ先に挙げられる。単に光を透過させる存在としてガラスを用いるのではなく、何重にもガラスを張っていくことでガラス面同士が光を反射し合い、複雑な質感を建築の表面に生み出している。無機的なガラスがどこか有機的な存在にも見えてくる。

カルティエ財団現代美術館
フランス、パリ｜ジャン・ヌーヴェル｜1984

ポルシェ美術館
ドイツ、シュツットガルト｜デルガン・マイスル
2009

ポルシェの企業哲学を体現するミュージアム

　ポルシェの博物館は1976年、工場近くに建てられた小規模なもののみが存在していたが、2009年には本社近くに、大きな敷地を有する新博物館がオープンした。5600㎡の巨大な建物の中には、車の歴史に名を残すものから最先端のものまで、80台を超えるポルシェの名品が鎮座し、来訪者を圧倒する。
　卓越したプロダクトを生み出すポルシェの企業理念と企業イメージを踏襲して、博物館もスタイリッシュかつオリジナリティあふれる雰囲気をたたえる。展覧会形式で楽しみながら車の歴史に触れられる。展示スペースのみならず、カフェやレストラン、会議場なども併設しており、地域やクルマ文化全体の拠点としての機能も果たしている。

画家の自由な発想と
地形が生んだ波打つ建物

パウル・クレー・センター
スイス、ベルン｜レンゾ・ピアノ｜2005

半生をこの地で過ごした画家、パウル・クレーの4000点以上もの作品を所蔵する美術館。設計者のレンゾ・ピアノは自由な発想から生まれたクレーの作品をありきたりの建物に押し込めるのはふさわしくないと考えた。そこで彼が設計したのが、ゆるやかな地形の起伏がそのまま盛り上がったような建物だ。なだらかな山を背景にした大きな彫刻のようにも見える。見る角度によって波打つように感じられるのもおもしろい。内部には大きなガラスを通して光がたっぷりと入る。3つの"丘"は北からそれぞれ美術教育やワークショップなど、中央はクレー作品の展示や企画展、南側はリサーチなどに使われる。偉大な画家の作品を見るだけでなく、人々との交流を通じて新たな出会いを生む。

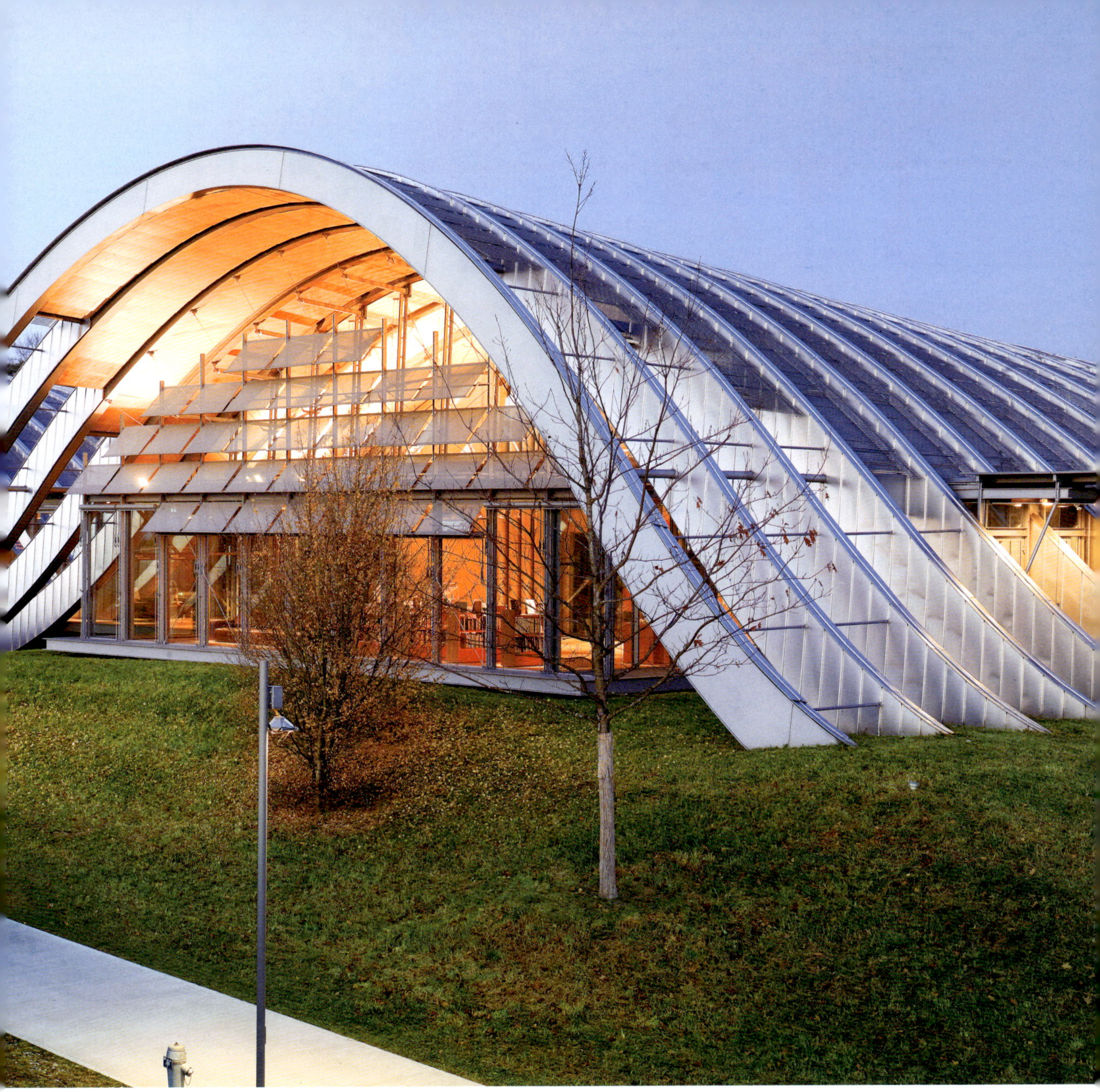

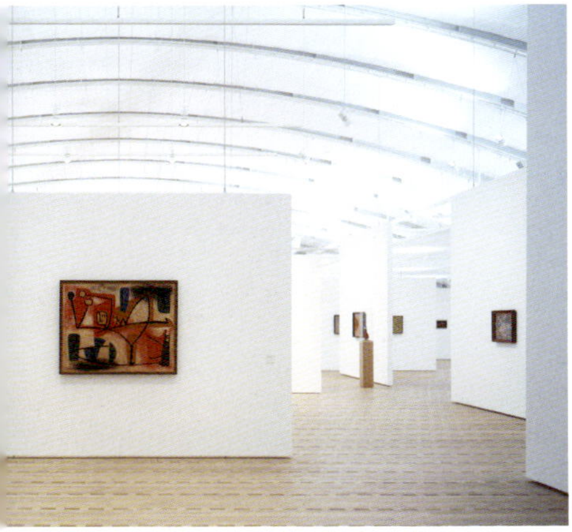

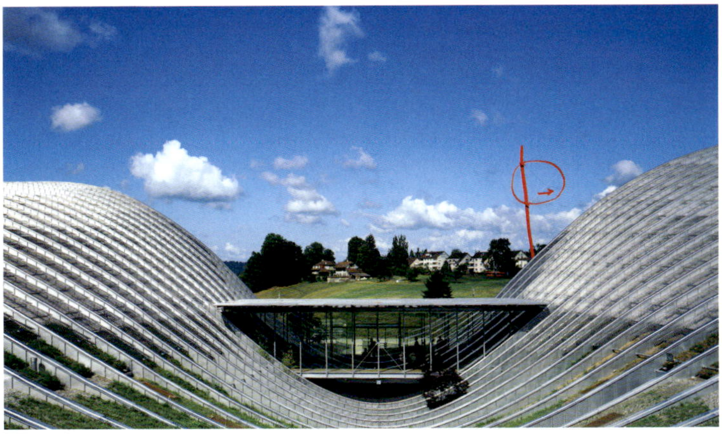

68

公園の中の廃墟と
一体化した端正な建築

ルクセンブルク・ジャン
大公現代美術館（MUDAM）
ルクセンブルク｜イオ・ミン・ペイ｜2006

街中の公園に残るツェンゲン城塞跡。「MUDAM」はその遺跡に増築されたような美術館だ。地中に半ば埋もれた城壁やそびえ立つふたつの塔にイオ・ミン・ペイはガラスの天蓋があるライムストーンの建物を建てた。なめらかなライムストーンの壁は廃墟となった城塞の荒々しい質感とは対照的だ。が、城塞の塔を引用したらせん階段など、形はもとの城塞を踏襲している。屋内に木が植えられたカフェもあって、公園がそのまま建物の中に入ってきたような眺めだ。インテリアはコンスタンチン・グルチッチやロナン＆エルワン・ブルレックら勢いのあるデザイナーに依頼。国内外から集めた最先端の現代美術は通常の展示室のほか、ガラスの天蓋から光が入るスペースにも置かれて、多彩な顔を見せる。

光がたっぷり入る開放的なインテリア。四角形や三角形の端正な幾何学でできた空間に螺旋階段がアクセントを添える。

街の中心部をカラフルに彩る
ポストモダン建築

フローニンゲン美術館
オランダ、フローニンゲン | アレッサンドロ・メンディーニほか | 1994

オランダ北部の都市フローニンゲンにあるフェルビンディングス運河の中に建てられた美術館。カラフルな複数の棟によって構成され、それぞれが通路で結ばれている。手がけたのはイタリア人建築家メンディーニをはじめとする複数の建築デザイナーたち。色使い、構造ともに斬新そのものだ。ホールの中央にある美しいモザイクタイルの螺旋階段が展示室へと続いている。同館では絵画のみならずファッションや写真、デザイン分野なども積極的に収集し、とくに中国や日本の陶器コレクションは世界的に知られる質量を誇る。外観も展示もハイセンスそのものの美術館だ。

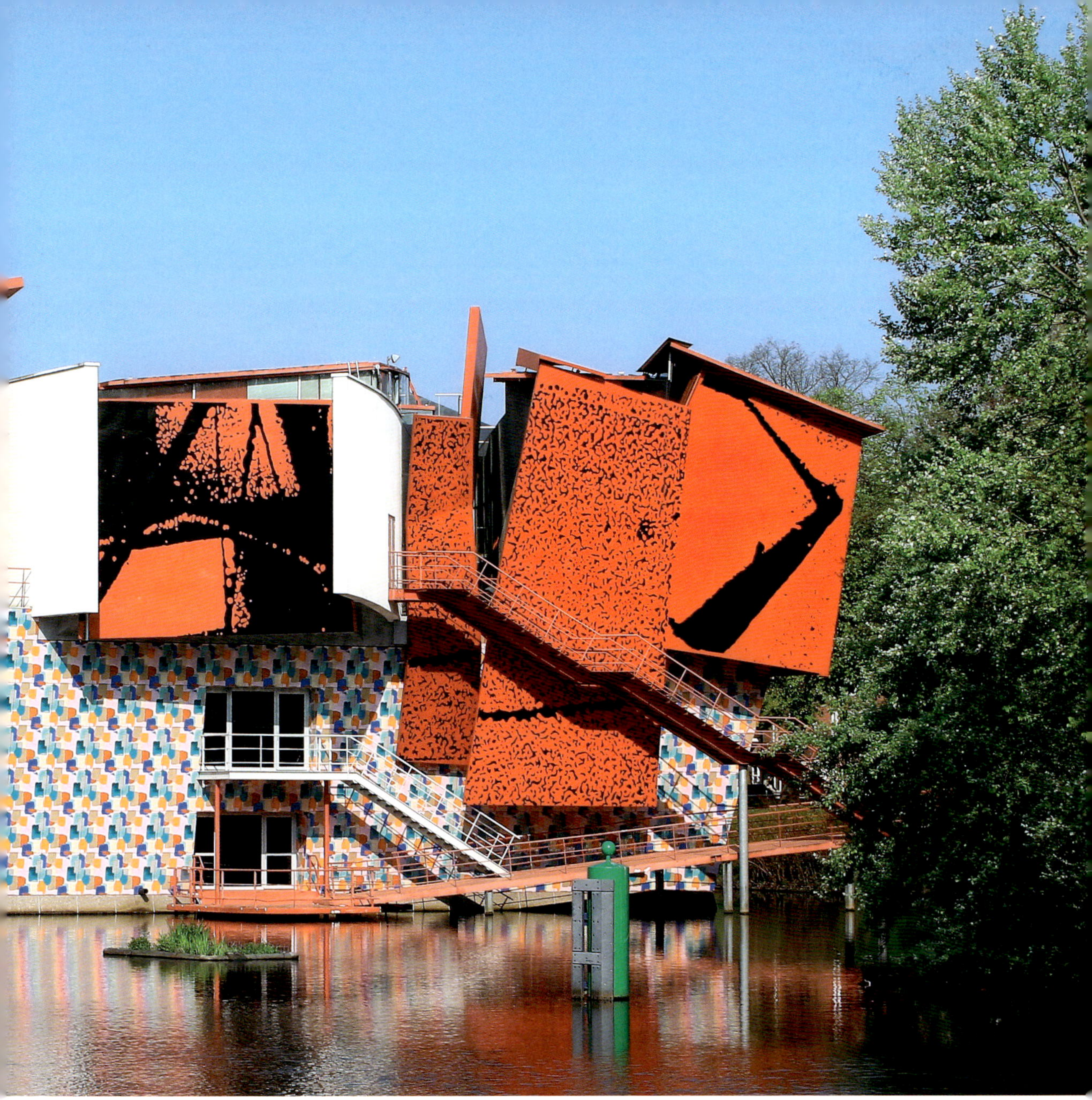

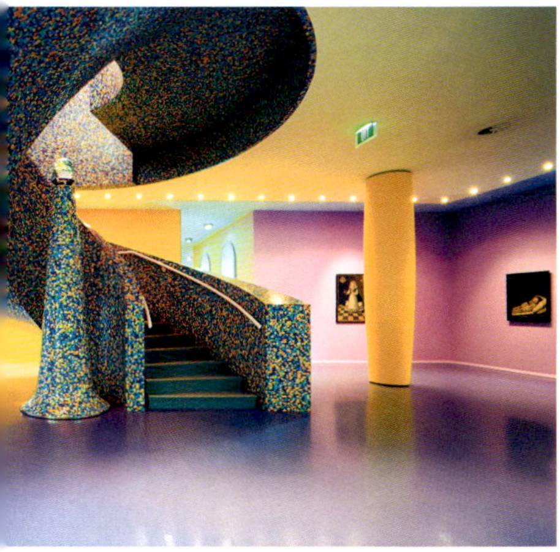

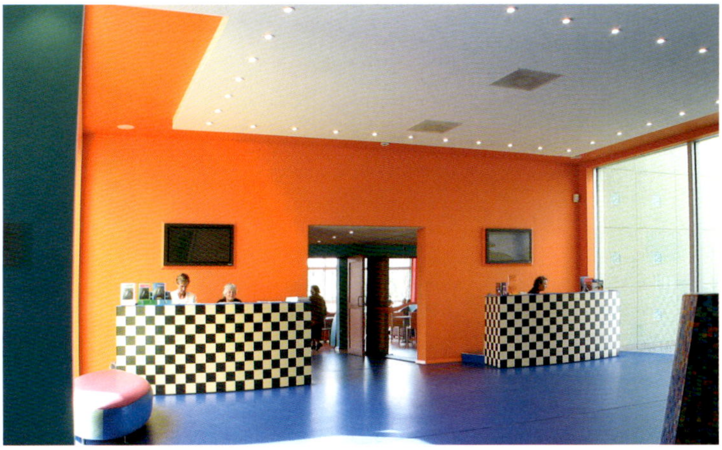

建物の内外で光が躍り
水辺を輝かせる建築

グッゲンハイム・ビルバオ
スペイン、ビルバオ｜フランク・ゲーリー｜1997

チタンで覆われた、不規則な曲面でできた外壁が太陽の光にきらめく。中に入ると高い天窓から光が躍るように滑り降りる。とりわけ光に強い関心を持つアメリカの建築家、フランク・ゲーリーが設計した「グッゲンハイム・ビルバオ」はその大胆なデザインの建築で、寂れた港湾都市を復興させた。コレクションだけでなく建築を見に多くの人がやってくるこの美術館からは「ビルバオ効果」という言葉も生まれている。館の内外にはリチャード・セラやジェフ・クーンズらのコミッション・アートが設置されている。川に沿って散策できる水辺の空間も心地よい。この美術館の完成後、街にはノーマン・フォスターや磯崎新らほかのスター建築家の作品も加わった。建築が街を変えた先駆例だ。

ガラス、チタン、石灰岩で覆われた建物はうねり、躍るよう。中央のアトリウムをゲーリーは花にたとえている。

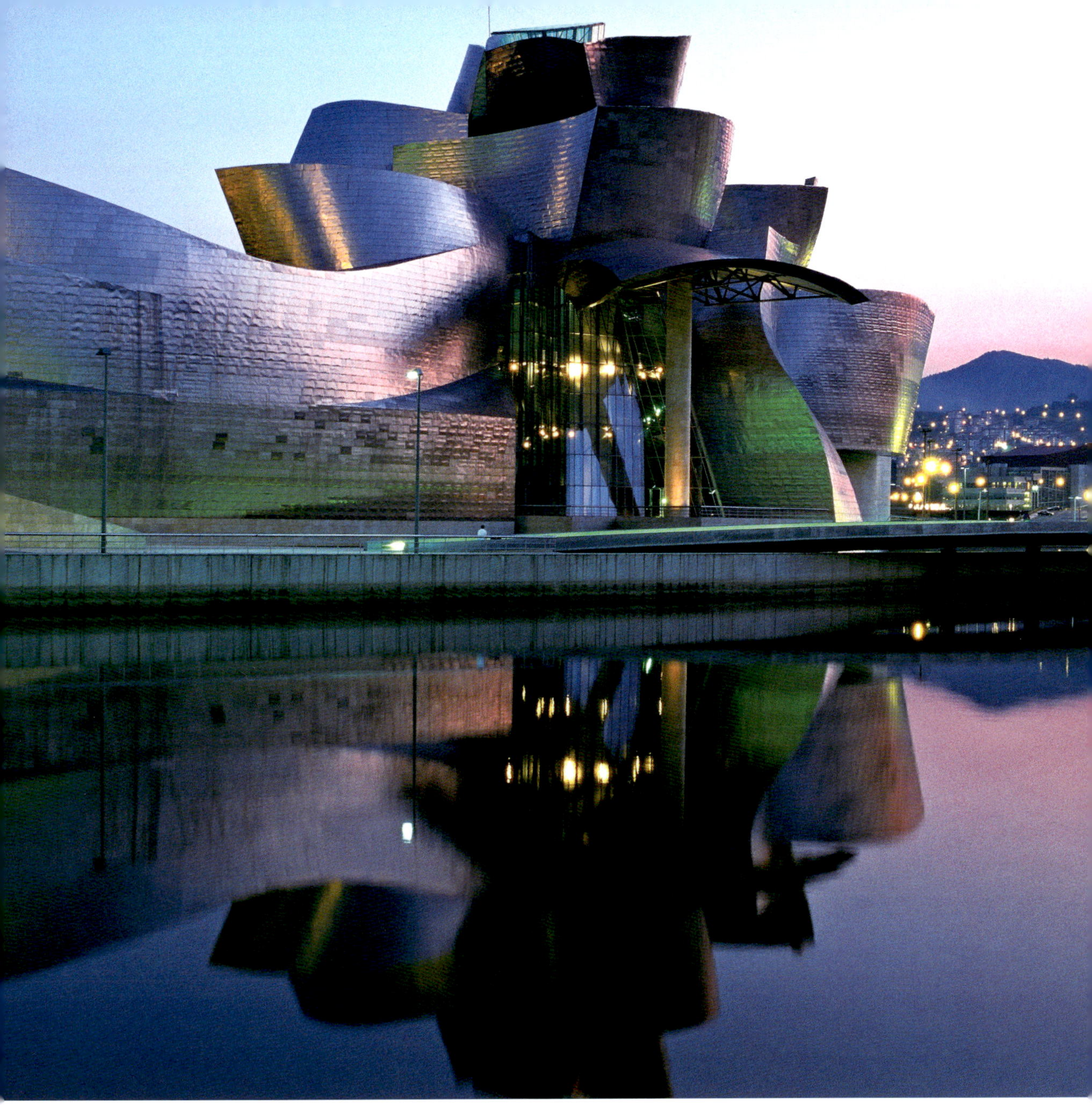

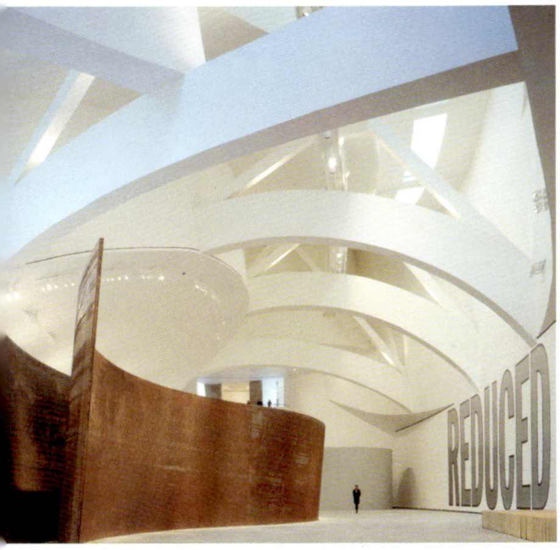
REDUCED

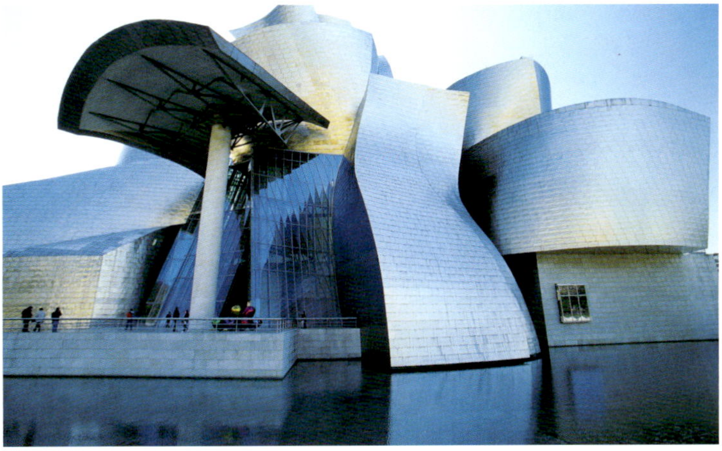

奇才、サルバドール・ダリの最大かつ最後の"作品"

ダリ劇場美術館
スペイン、フィゲラス｜エミリオ・ペレス・ピニェロ
サルバドール・ダリ｜1974

1960年代にスペインの小さな街、フィゲラスの市長がその地で生まれたダリに作品の寄贈を打診したところ、ダリは「作品だけでなく美術館を寄贈する」と回答。スペイン内戦で破壊された劇場を建築家のピニェロとともに改修し、あらゆるディテールまでこだわって自らの美術館を作り上げた。ダリはこの建物を選んだ理由を「私の作品はとても劇場的であり、私が受洗した教会の目の前にあるからだ」と語っている。大きな卵が載せられた城壁のような建物の中にはガラスのドームが見える。「メエ・ウエストの部屋」はアメリカの女優を描いたダリの絵画を、そのまま立体にしてしまったような部屋。そのほかの空間にもびっしりとダリの彫刻や絵画が飾られて、ダリの脳内をさまよっているような気持ちになれる。

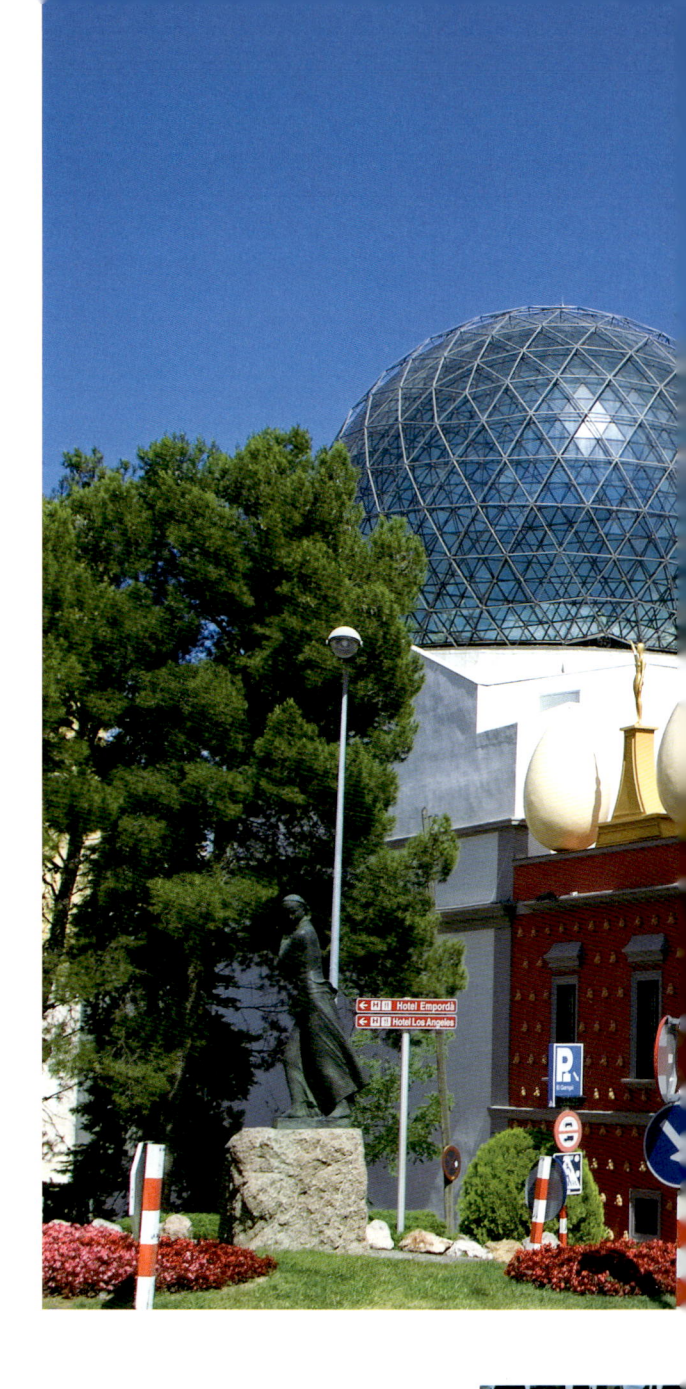

ダリ誕生の地であり、終焉の地に建てられた個人美術館。壁も天井もダリの作品で埋め尽くされた濃密な空間だ。

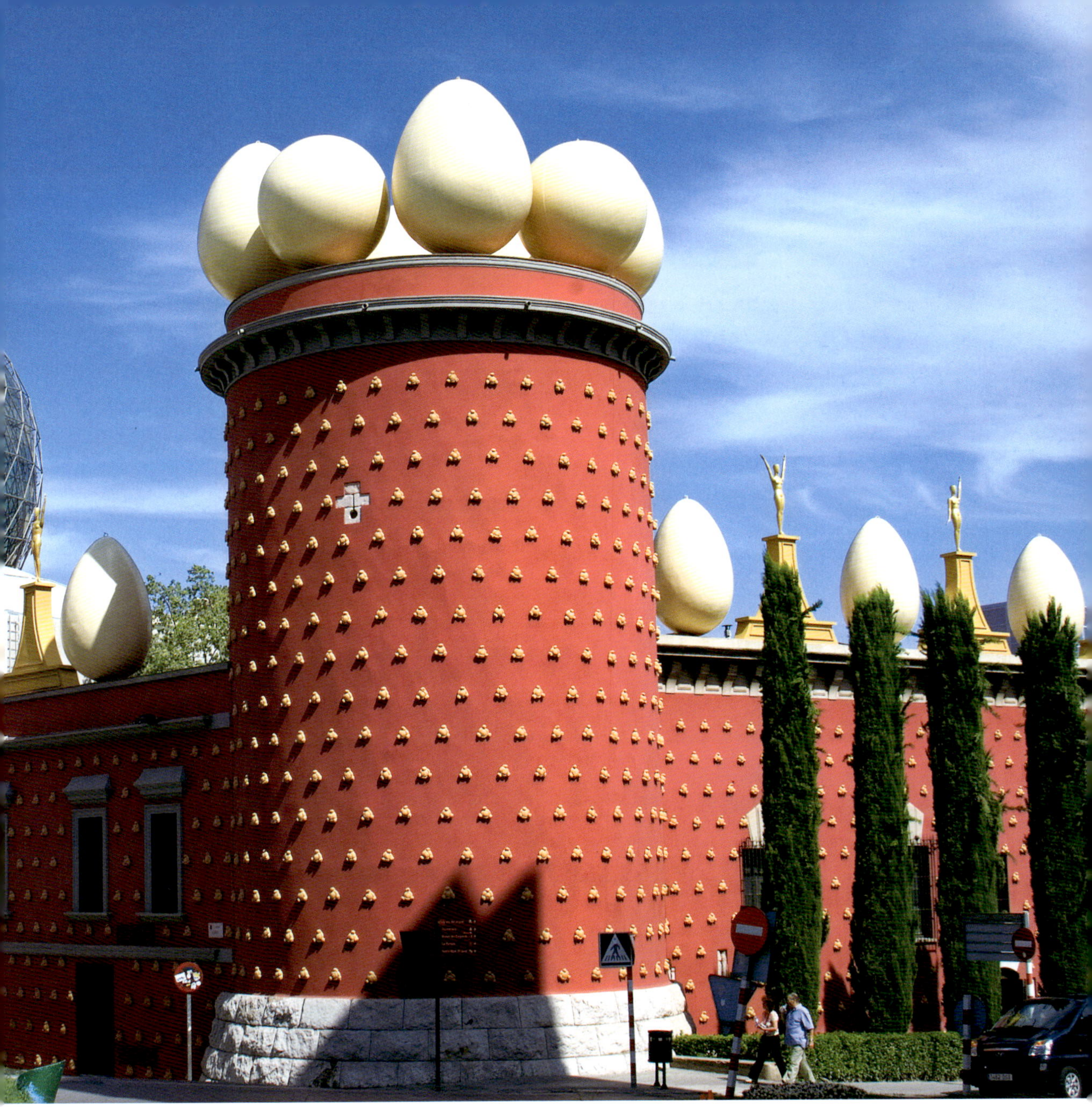

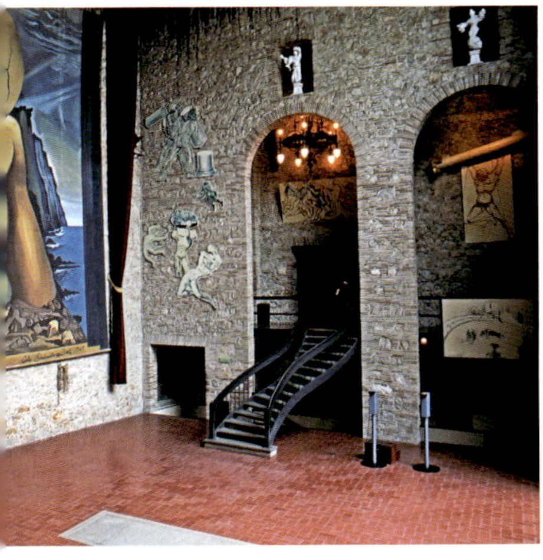

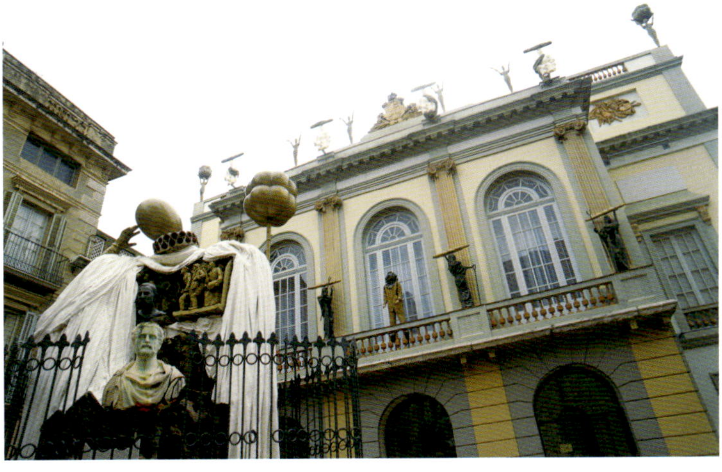

巨大な水盤にその姿を映す
有機的な構造美を
誇る建築群

バレンシア芸術科学都市
スペイン、バレンシア｜サンチャゴ・カラトラヴァ｜2006

スペイン第三の都市バレンシアで、洪水のため付け替えられたトゥリア川の跡地、トゥリア公園に作られた複合施設。構造エンジニアでもあるカラトラヴァ得意の動物の骨のようなフェリペ王子科学博物館やアーチが続く散策路ルンブラクレ、宇宙船か古代の魚のようなソフィア王妃芸術宮殿などの建物が巨大な水盤に浮かぶ。白い建物がスペイン特有の強い日差しを受けて輝き、緑や水に映える。中でも水面に映ると巨大な目玉のように見えるレミスフェリックは有名だ。IMAXシアターやプラネタリウムが入っている。ヨーロッパ最大級の水族館、オセアノグラフィックのみメキシコの建築家、フェリックス・キャンデラの設計。どの建物も双曲線やアーチ、ドームが有機的な構造の美を見せる。中世の街並みが残る旧市街とのコントラストも印象的だ。

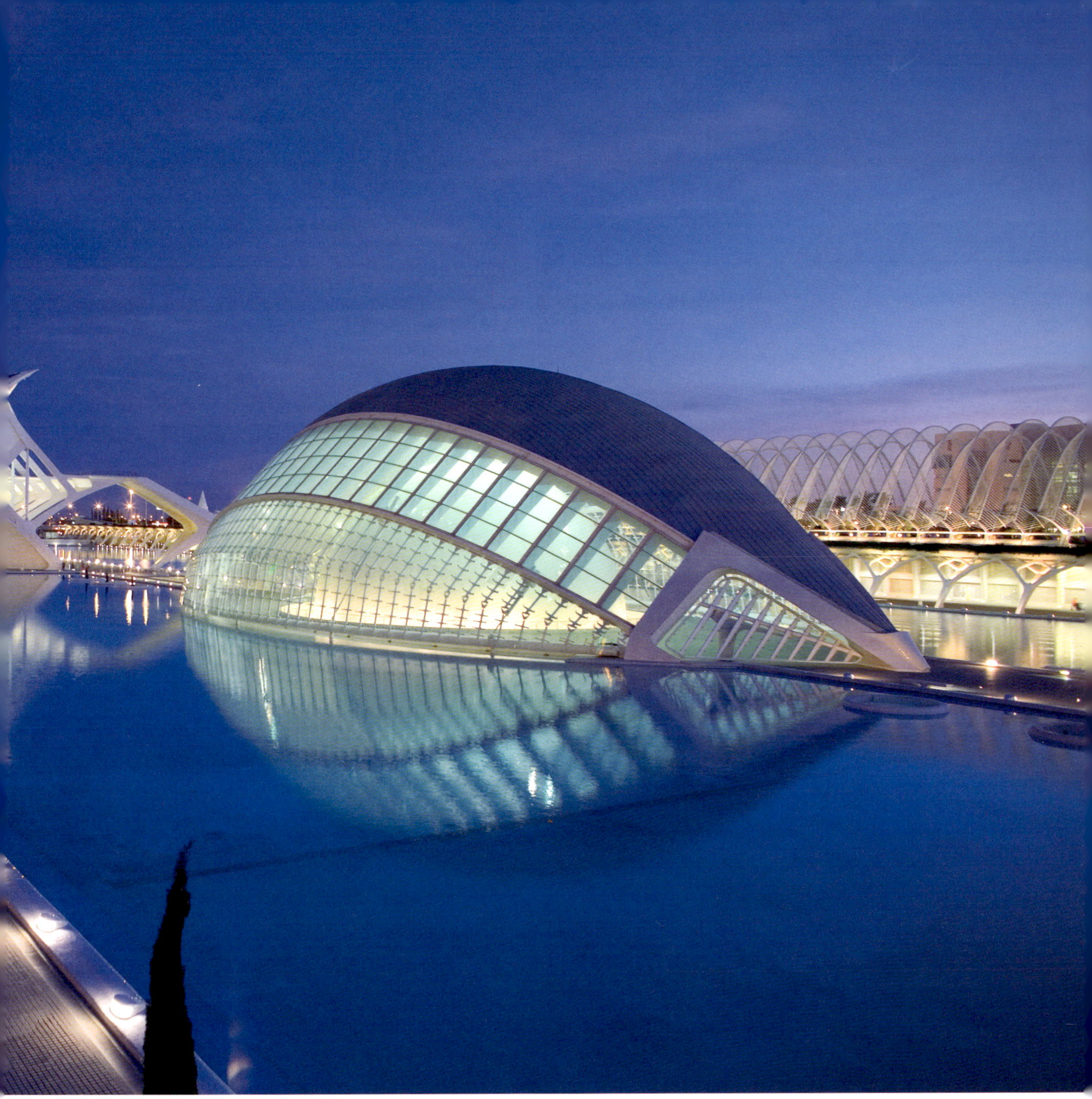

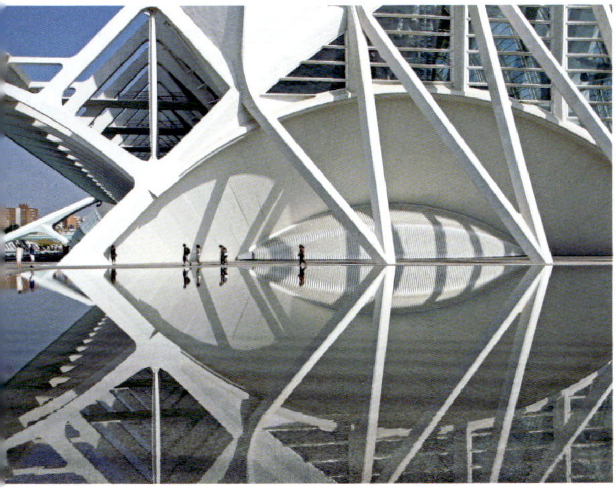

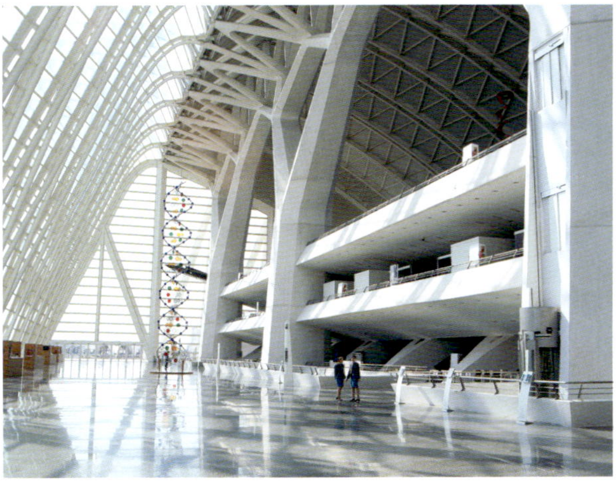

スピード感溢れる建物で上下のダイナミックな動きを楽しむ

イタリア国立21世紀美術館（MAXXI）

イタリア、ローマ｜ザハ・ハディド｜2010

上から見ると、白い道路が立体交差しているように見える。中に入ると天井の高いロビーや、吹き抜けを見下ろす階段やブリッジが。流線型のソファや階段がスピード感を加速させる。水平方向だけでなく、上下に移動することで視界もダイナミックに変化する。設計はザハ・ハディド。1980年代初めから注目を集めていたが、大胆な形の建築はなかなか実現させることができず、「アンビルトの女王」（実際に建てたことのない）と呼ばれていた。コレクションや展示は20・21世紀の近現代美術が中心。展示室内だけでなく、ときに通路や吹き抜けをうねるように上下する階段、ブリッジにも作品が並ぶ。高い天井から吊された作品を見上げることも。視覚的にも身体的にも上下の動きが楽しめる。

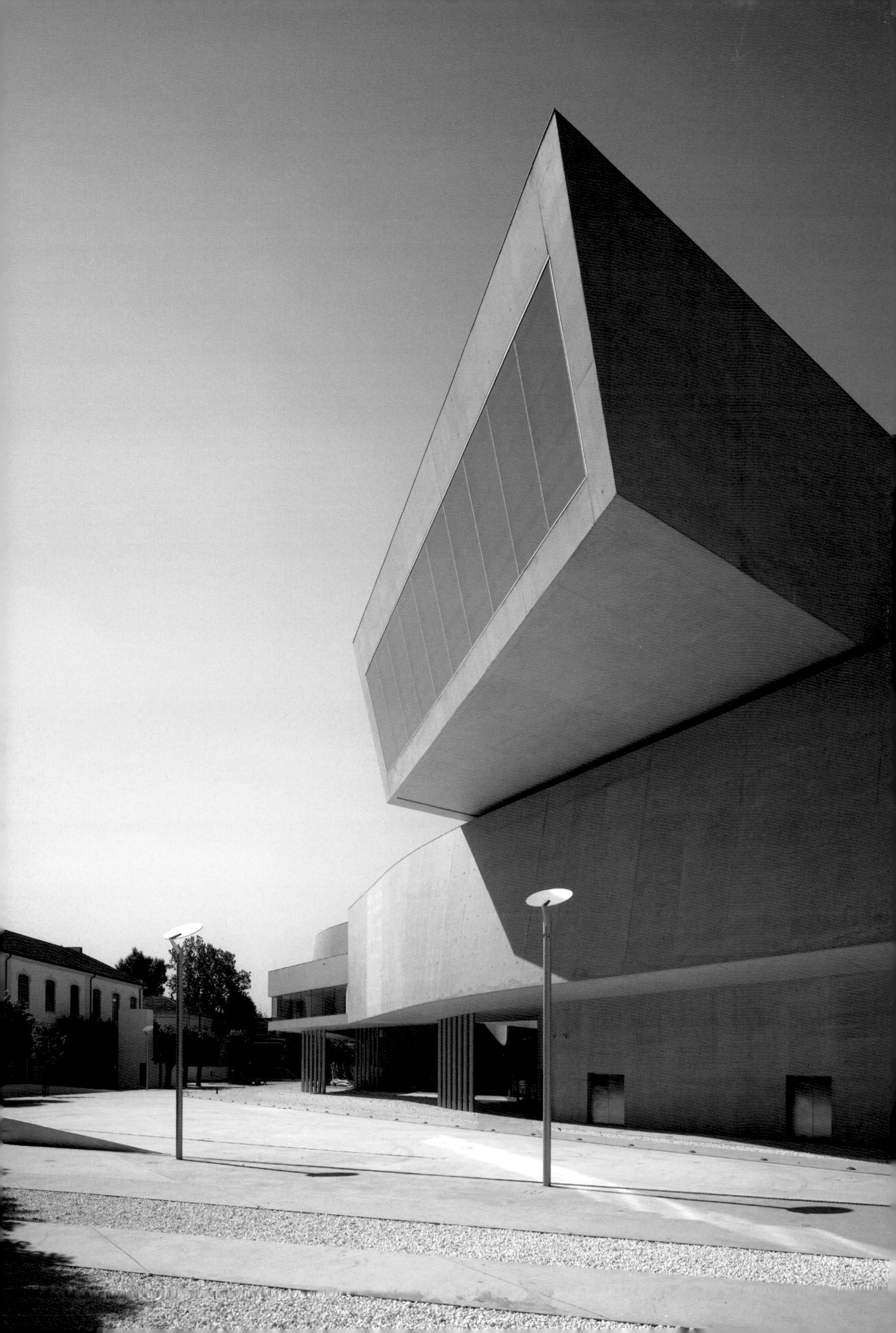

ヴェネチアの運河に浮かぶ
歴史の襞を刻む建築

プンタ・デラ・ドガーナ
イタリア、ヴェネチア｜安藤忠雄｜2009

ヴェネチアの運河に突き出た三角州の形そのままに建つ三角形の建物は、かつて海の税関として使われていたもの。その建物を安藤忠雄が改修、後世の改修の跡はできるだけ取り除き、レンガの壁と木の小屋組みを露出した美術館に生まれ変わらせた。そこに新しくコンクリートの壁を挿入、なめらかなコンクリートと歴史を経たレンガや木とのコントラストを見せる。トップライトからは地中海の明るい光が漏れ、窓からは青い海が見える。展示されるのはフランスの実業家、フランソワ・ピノーが所有する現代美術コレクション。ヴェネチアには18世紀の貴族の館を同じ安藤忠雄の改修で、ピノー財団の美術館にした「パラッツォ・グラッシ」がある。運河に浮かぶもと税関と邸宅、ふたつの美術館で現代美術が競演する。

腐食したレンガは古材バンクのレンガで差し替えた。レンガとコンクリート、過去と現代が同時に存在する空間だ。

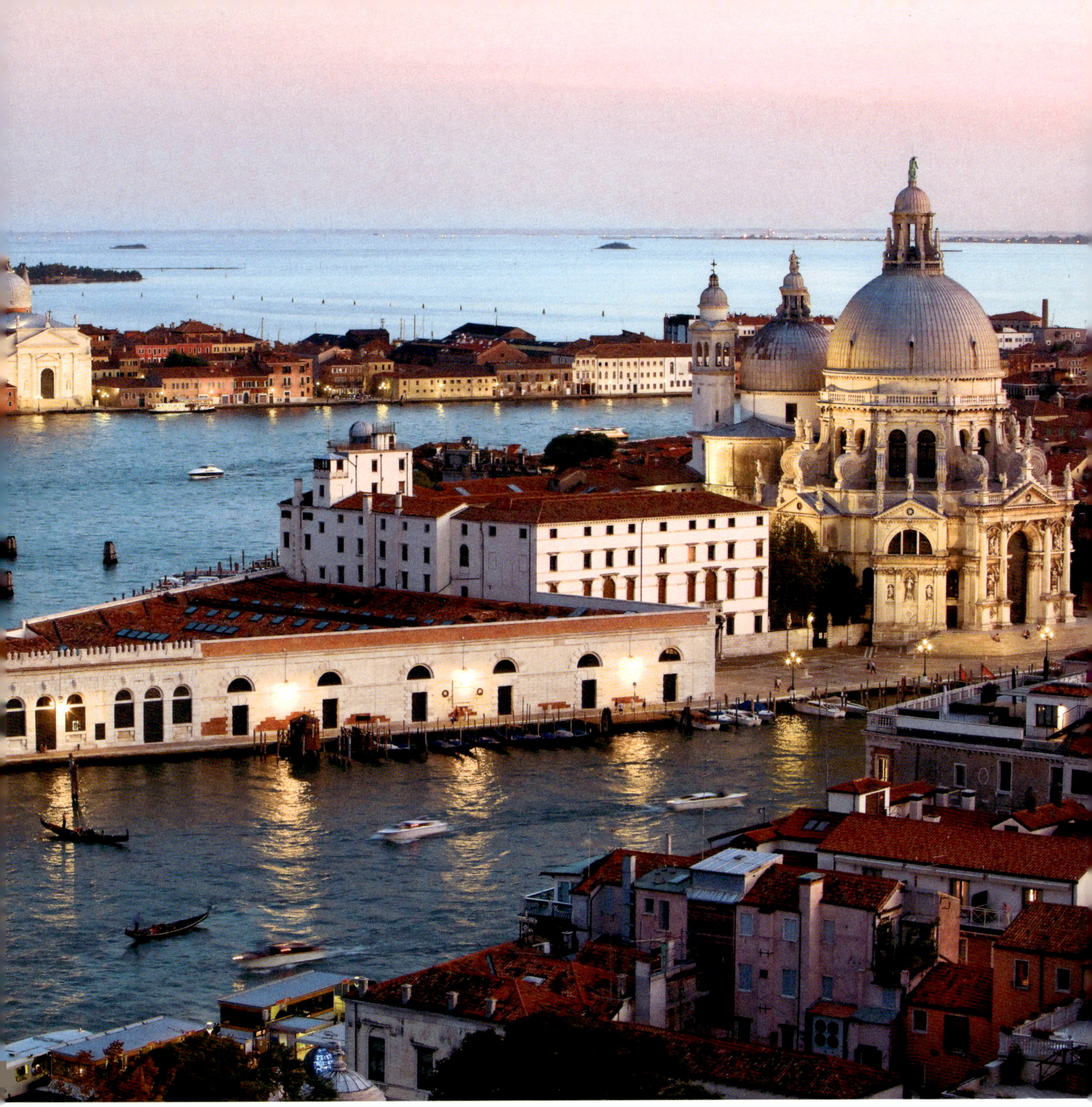

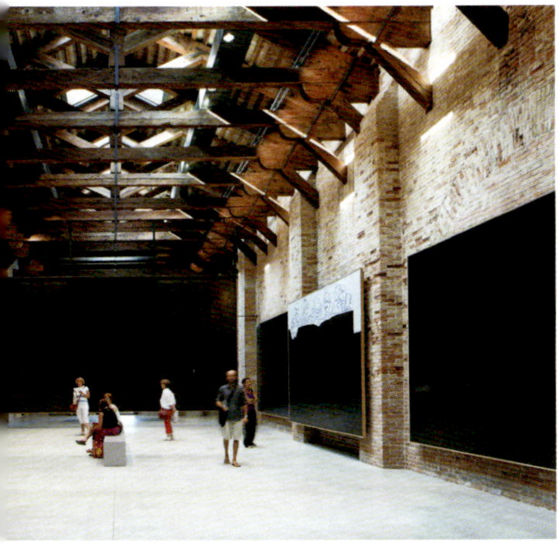

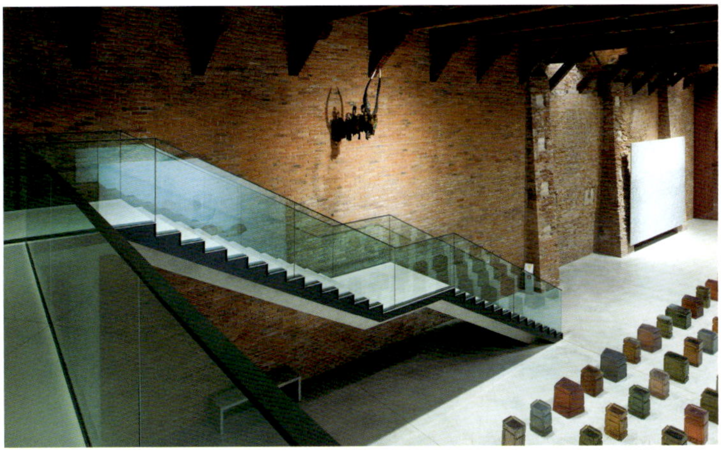

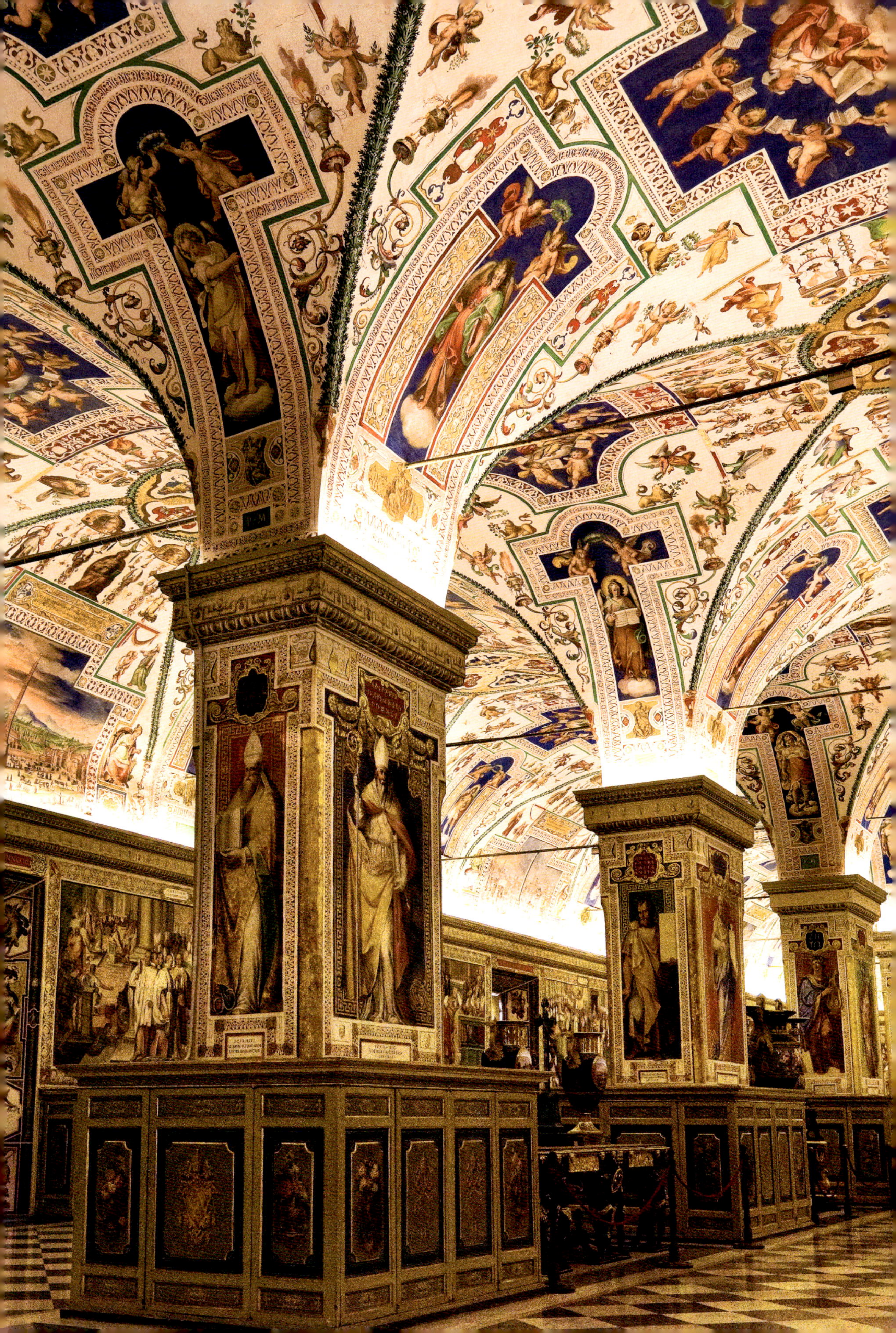

カトリックの総本山に輝く
盛期ルネサンスの傑作

ヴァチカン美術館
ヴァチカン市国｜ミケランジェロほか｜1506年頃

「ヴァチカン美術館」は歴代の教皇が収集したコレクションを展示する複数の美術館の集合体だ。ミケランジェロ「ピエタ」があるサン・ピエトロ大聖堂はブラマンテ、ラファエロ、ミケランジェロが設計に携わり、着工から120年後の1626年に完成したもの。巨大な列柱がそびえ立つサン・ピエトロ広場などは16世紀の"ローマの天才"、ベルニーニが手掛けた。サン・ピエトロ大聖堂に隣接するシスティーナ礼拝堂には盛期ルネサンスの巨匠、ミケランジェロによる大天井画と祭壇画「最後の審判」が、「ラファエロのスタンツェ」と呼ばれる部屋にはラファエロが描いた壁画「アテネの学堂」などの傑作が残る。ヴァチカン市国という小さな国全体が、至高の宗教美術空間となった稀有な場だ。

84

歴代のロシア皇帝が
総力を結集して集めた
美術品と宮殿

エルミタージュ美術館
ロシア、サンクト・ペテルブルグ
フランチェスコ・ラストレリほか | 1764

水色や白、金で飾られた「エルミタージュ美術館」本館は、イタリア人建築家フランチェスコ・ラストレリによって1762年に完成した「冬宮」。その後、現在の「エルミタージュ美術館」を構成する小エルミタージュ、旧エルミタージュ、新エルミタージュ、エルミタージュ劇場が完成。エカテリーナ2世らの宮殿や美術品展示室として使われた後、1852年に新エルミタージュが美術館となり、後にほかの建物も美術館となった。第2次世界大戦中は爆撃から守るため作品を"疎開"させたことも。コレクションは代々の皇帝らが蒐集した一級の美術品が中心。壮麗な建築にルネサンス、フランドル、スペイン、オランダなどの絵画のほか、古代ローマ・ギリシャ、中世ヨーロッパの工芸などがぎっしりと並ぶ様は壮観だ。

鏡で作った偽窓がある冬宮。コレクションにはレオナルド・ダ・ヴィンチ「リッタの聖母」「花を持つ聖母子」からマティスまで西洋美術の珠玉が揃う。

エルミタージュ美術館

ラファエロの絵の複製で飾られた「ラファエロの回廊」(右)。
「古代絵画史の画廊」(左下)にはカノーヴァの彫刻が。

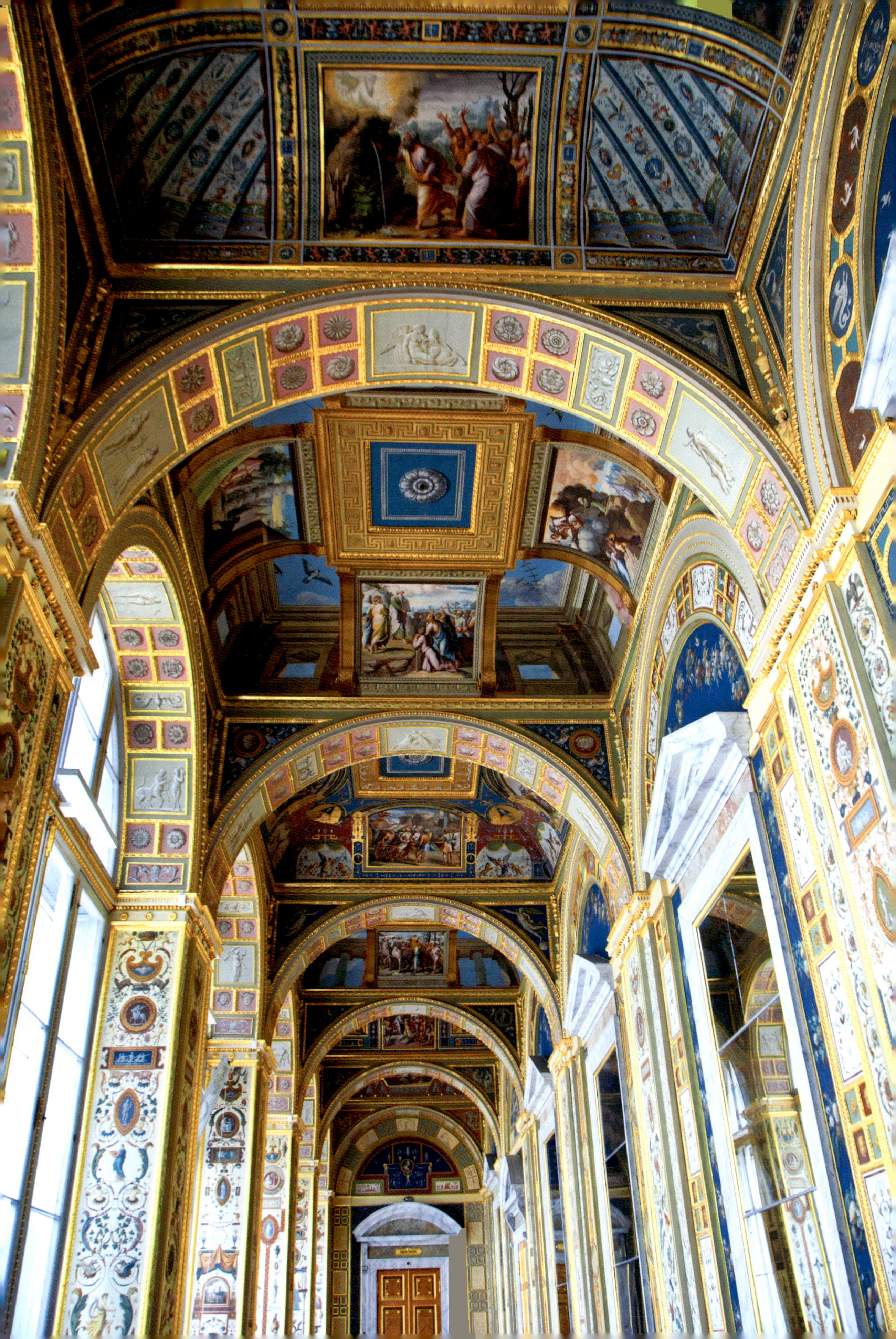

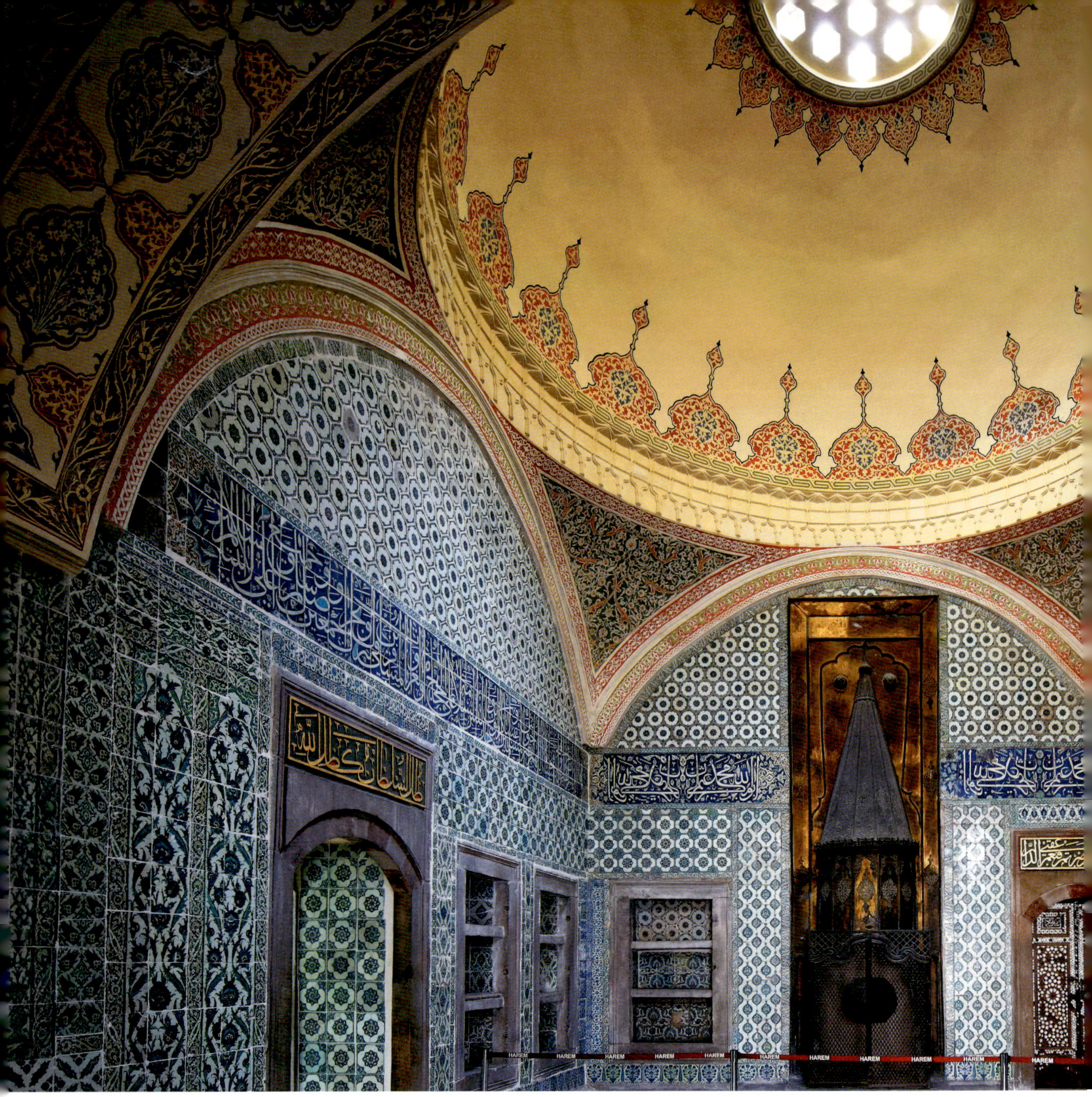
HAREM

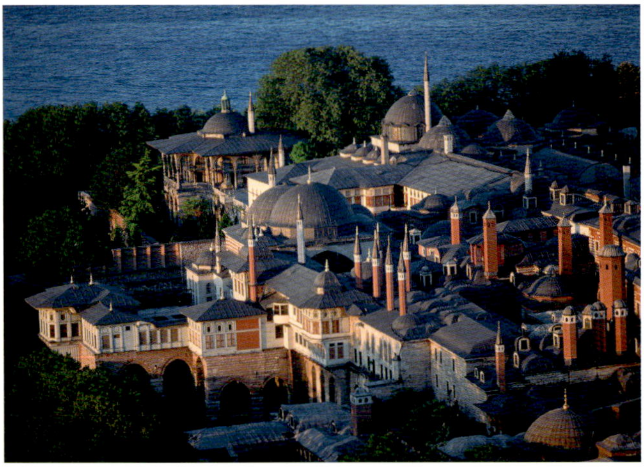

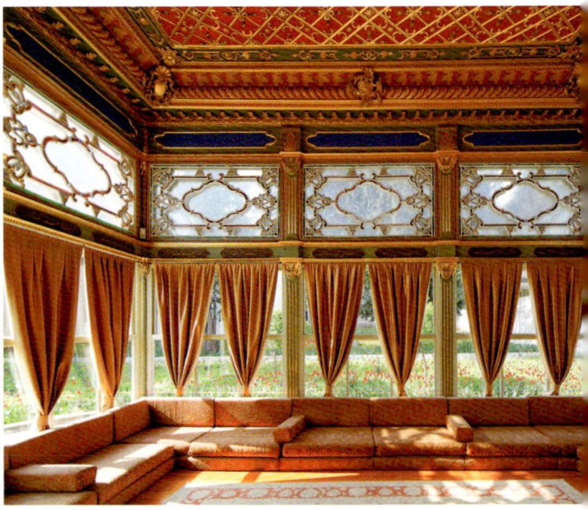

贅を尽くした
優雅な「トプカプ様式」で
飾られた宮殿

トプカプ宮殿博物館
トルコ、イスタンブール｜メフメト2世
1459～65年

スルタン（皇帝）、メフメト2世が1465年から造営を始めたのがトプカプ宮殿の始まりといわれている。メフメト2世の没後、バヤズィット2世が宮殿の東棟を宝物庫としたのが、後にトプカプ宮殿博物館となった。トプカプ宮殿はその後約400年間、オスマントルコ帝国のスルタンの住居・政治の中心となった。現在では30万件以上にもなるコレクションの中でも86カラットの「スプーン職人のダイヤモンド」やエメラルドで飾られた「トプカプの短刀」、豪華本や細密画は有名だ。宮殿内のハレムには「スルタンの間」「皇子の間」などがあり、どれもブルーのタイルや白い貝殻などでびっしりと装飾されている。離れとして作られたバーダッドキョシュキュから眺める金角湾は絶景。かつての栄華をしのばせる。

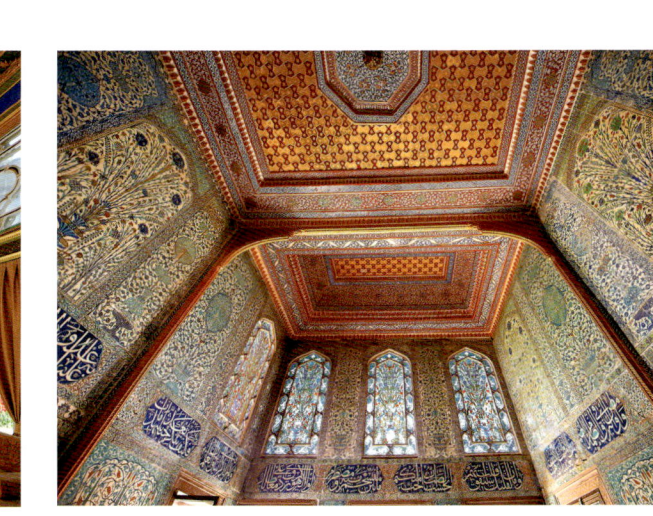

偶像を作ることを禁じたため、文字や幾何学模様をもとにした装飾が発達したイスラム建築の最高峰だ。

column

歴史を継承する美術館
歴史的建造物や美の空間に迷い込んだかのような、邸宅や施設

ウフィツィ美術館
イタリア、フィレンツェ｜ジョルジョ・ヴァザーリほか
1769

盛期ルネサンスの宝が次々と現れる華麗な「オフィス」

　1560年、メディチ家のコジモ1世の命で建築家・画家のジョルジョ・ヴァザーリによって建てられた行政府に、メディチ家の所有する肖像画や陶器などを飾ったことがこの美術館の始まりだ。イタリア語で「オフィス」「役所」を表す「ウフィツィ」の名はここからきている。見どころはイタリア美術、とくにルネサンス期絵画の世界最高峰といえるコレクション。ミケランジェロ、ラファエロ、レオナルド・ダ・ヴィンチらルネサンス三大巨匠はもちろん、ピエロ・デラ・フランチェスカやボッティチェリ、ティツィアーノらの傑作に心奪われる。建物の内部はモザイクや真珠貝の象眼、グロテスク模様のフレスコ画などで飾られている。壮麗な空間と名画とで、メディチ家の富が築いた花の都の美を堪能できる。

奇想の建築家の美意識が
随所に宿る博物館

　18世紀から19世紀にかけて活躍した新古典主義の建築家、ジョン・ソーンの自邸を博物館にしたもの。中にはソーンの建築図面や彼が蒐集した絵画や彫刻が並ぶ。ソーンは遺言で何ひとつ動かしたり足したりしてはならないと命じた。古代エジプトの石棺や古代ギリシャの彫像から18世紀の幻想の建築家、ピラネージのスケッチやソーンと親交のあった画家、ターナーの絵画までがソーンの生前と同じように、さほど大きくない邸宅に詰め込まれている。

　もちろん建築も彼の設計だ。天窓からぼんやりと光が落ちる小さなホール、凸面鏡がはめ込まれた半球形のドーム天井があるブレックファストルームなど、空間にも彼の思想が色濃く漂う。コレクションと空間が一体となって奇想の建築家の脳内世界へと導く。

サー・ジョン・ソーンズ博物館
イギリス、ロンドン|ジョン・ソーン| 1837

白い曲面に光が踊る
バクーの新ランドマーク

ヘイダル・アリエフ文化センター
アゼルバイジャン、バクー｜ザハ・ハディド｜2012

街中に置かれた巨大な白い貝殻か、うねる波のようなザハ・ハディドの建築。広場の地面が盛り上がって柔らかく丸まったようにも見える。なめらかな曲面の外壁には12000枚以上の三角形・四角形のタイルが貼られた。内部でも天井や壁、床にその曲面が現れ、外からの光や照明があたって複雑な眺めになる。この施設は旧ソ連から独立したアゼルバイジャンの首都バクーに文化の中心施設として建てられたもの。館の名前はアゼルバイジャン共和国の第三代大統領からとられた。流動的な形態はソ連時代の権威的な建築が支配する時代の終わりを告げる。館内ではウォーホルやベルナール・ビュフェなど国内外の近現代美術の展覧会のほか、コンサートも開催。バクーの歴史的な街並みの新しいランドマークだ。

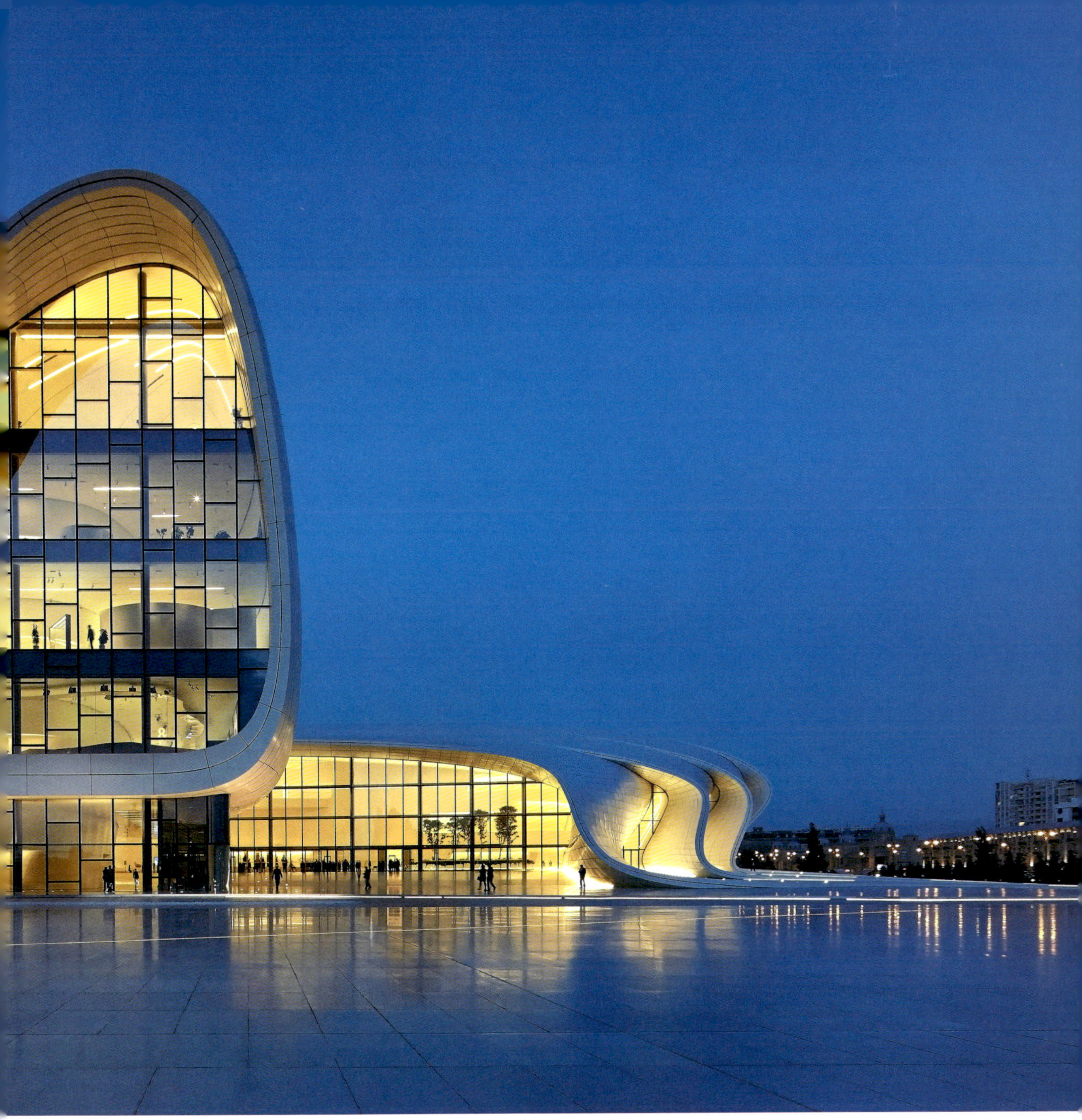

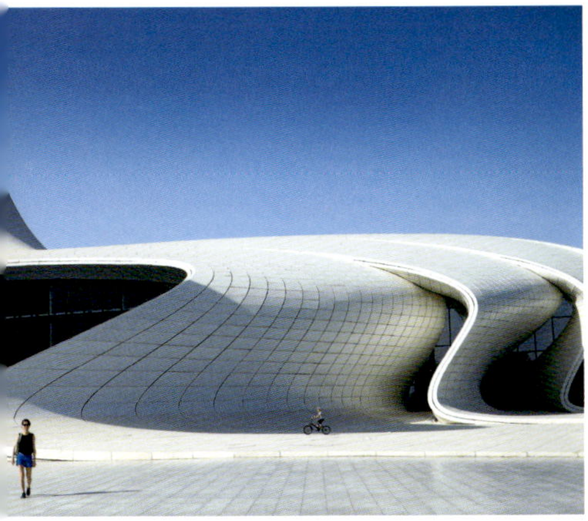

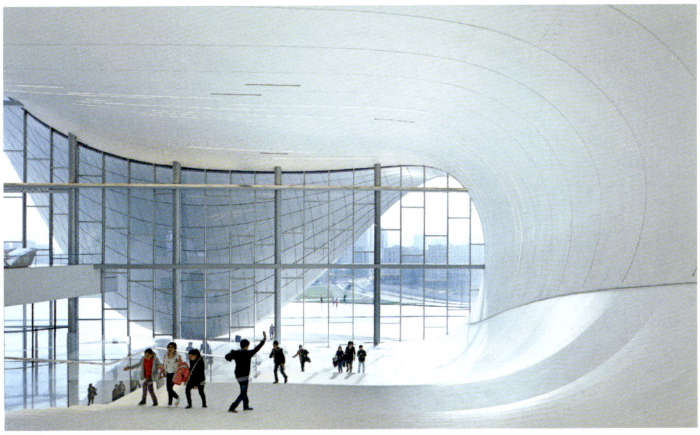

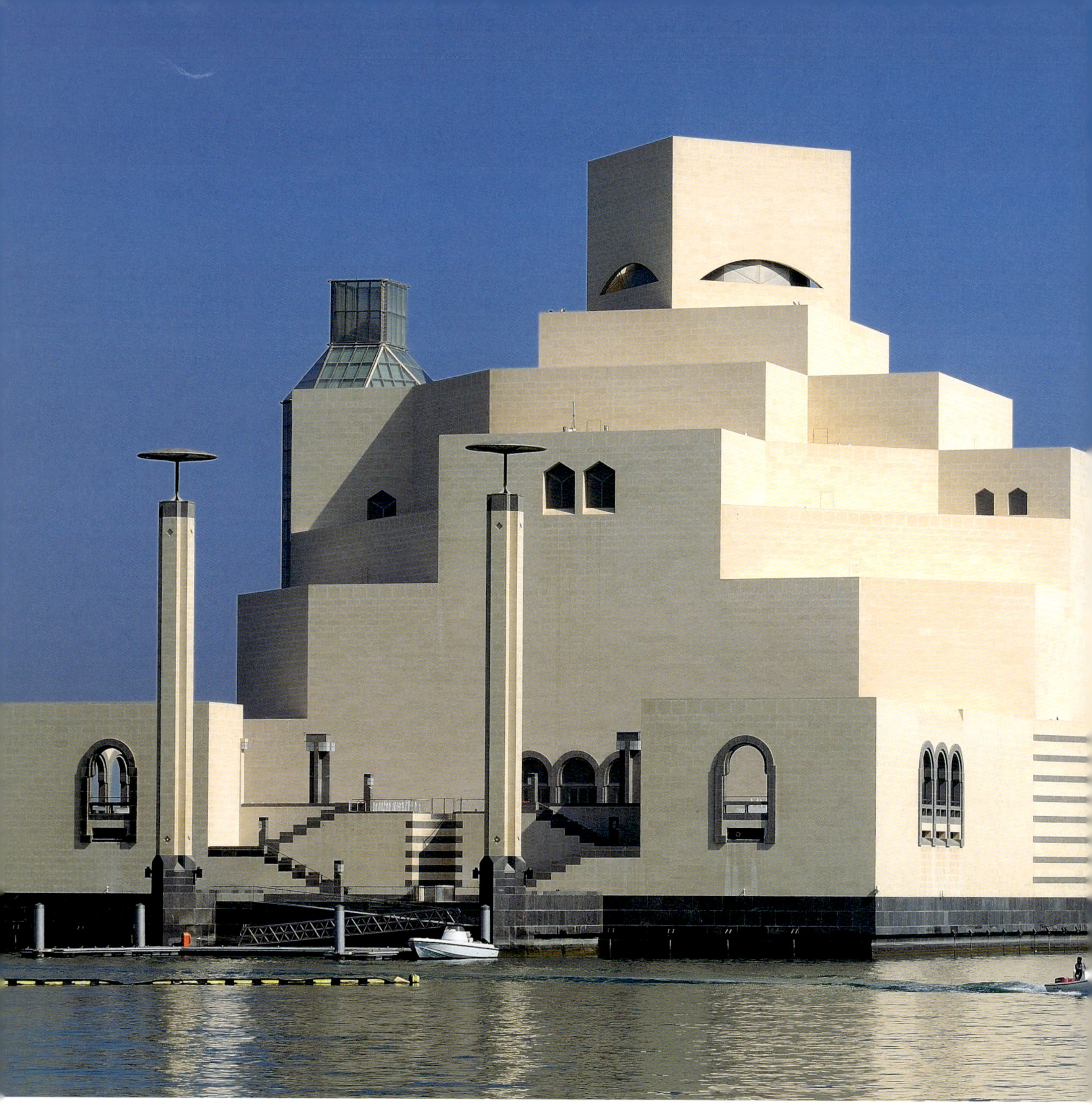

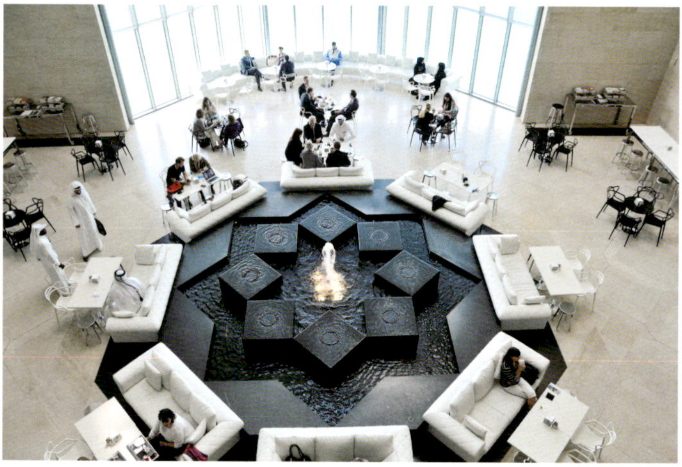

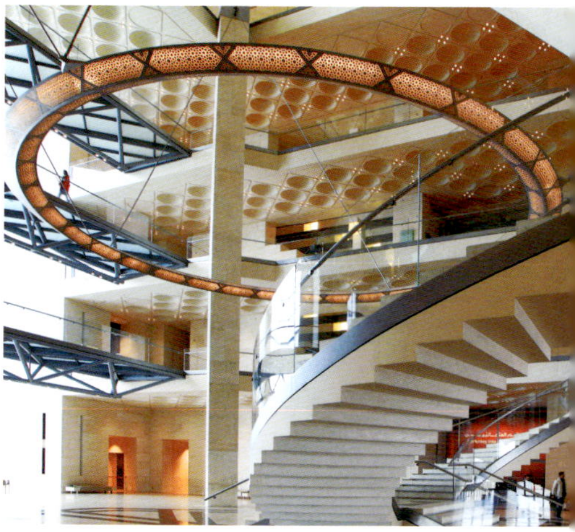

イスラム美術を建築に引用した白く輝く海辺のミュージアム

イスラム美術博物館
カタール、ドーハ | イオ・ミン・ペイ | 2008

強い日差しの中、海辺に突き出た人工島へと歩いて行くと幾何学形の建物が姿を現す。イオ・ミン・ペイが設計した「イスラム美術博物館」だ。モスクからインスピレーションを得た建物は八角形や正方形を組み合わせたもの。中に入るとダイヤモンドのような紋様が描かれた床に光が広がる。シンプルな幾何学形態に太陽の強い光が劇的な影を落とす。ここは7世紀から19世紀のイスラム美術を集めた、中東でも最大級の博物館だ。ほの暗い展示室の中、美しい挿絵のあるコーランや透かし彫りが施された建具などがライトに照らされて浮かび上がる。対岸にはリチャード・セラがモスクに付随するミナレットという塔からヒントを得た彫刻作品が設置された。イスラム美術のモダンさを味わえる。

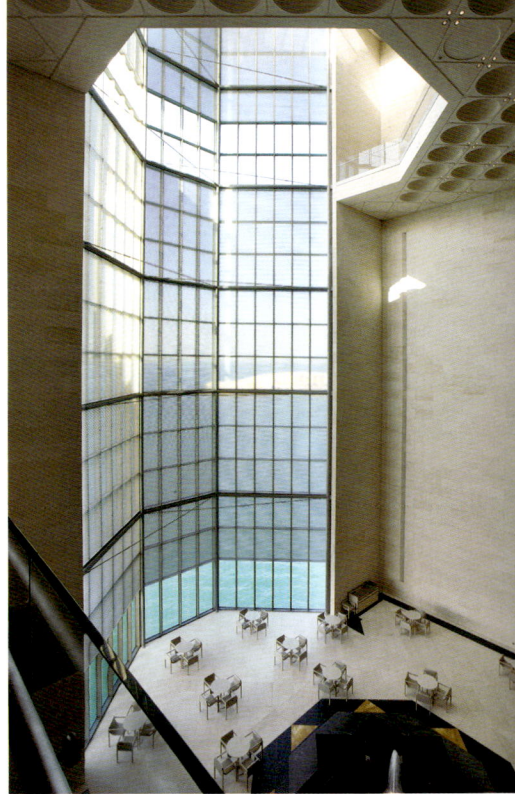

円、正方形、八角形などのシンプルな形態の組み合わせで生まれる複雑で美しいパターンが、空と海に映える。

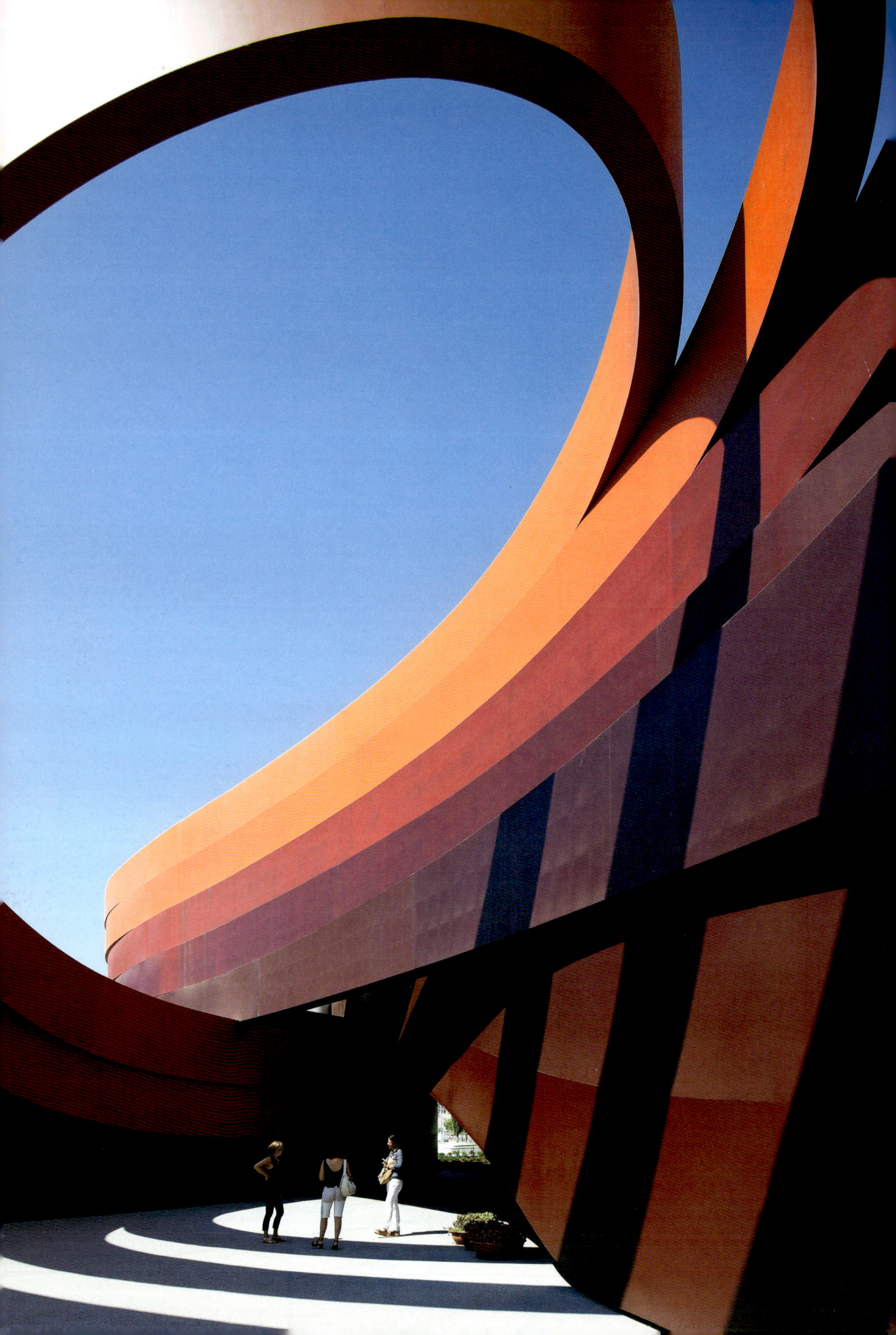

渦を巻く砂漠の
風紋のような建築

デザイン・ミュージアム・ホロン
イスラエル・ホロン｜ロン・アラッド｜2010

　コールテン鋼の帯が少しずつずれながら幾重にも巻きついた建物は、イギリスのデザイナー、ロン・アラッドが初めて手掛けた大規模な公共建築だ。ゆるやかに盛り上がった公園に建っている。互いにからみあい、渦を巻く5つのコールテン鋼の帯は、錆や風化によってそれぞれ少しずつ違う色になっていて、水平方向の広がりを強調する。帯が作り出す縞模様はイスラエルの砂漠の風紋を思わせる。この鋼鉄の帯は館内のどこにいても見えるので、来館者が自分の位置を確かめる手掛かりにもなる。建物を支える構造でもある。ここでは主にイスラエルのデザイナーの作品を収蔵、これまで設計者のロン・アラッドや、山本耀司などの展示が行われた。世界のデザイン文化を発信する場所になっている。

彫刻を思わせる斬新な外観で
広州の文化的アイコンとなっている

広東省博物館
中国、広州 | ロッコ・デザイン・アーキテクツ | 2010

オペラハウスなどを擁する広州のウォーターフロント珠江ニュータウンに建つ博物館。5階建て、66,980㎡の延べ床面積を持ち、16万を超える収蔵品を誇る、広東省最大の博物館だ。直方体に幾何学的な切り込みが施された斬新でインパクトの強い建築物は、広州のランドマークとなっている。夜にはライティング・デザイナーである顔栄興の設計によるライトアップが行われ、黒の斬新な形状と真っ赤なライティングの対比がさらに印象的だ。広東省で発掘された青銅器や広東省の歴史と文化について展示するコーナーや、自然資源、芸術分野の常設展示のほかに、期間限定の特別展示館など複数のパートに分れている。広州の文化的アイコンとしてふさわしい先進的な博物館である。

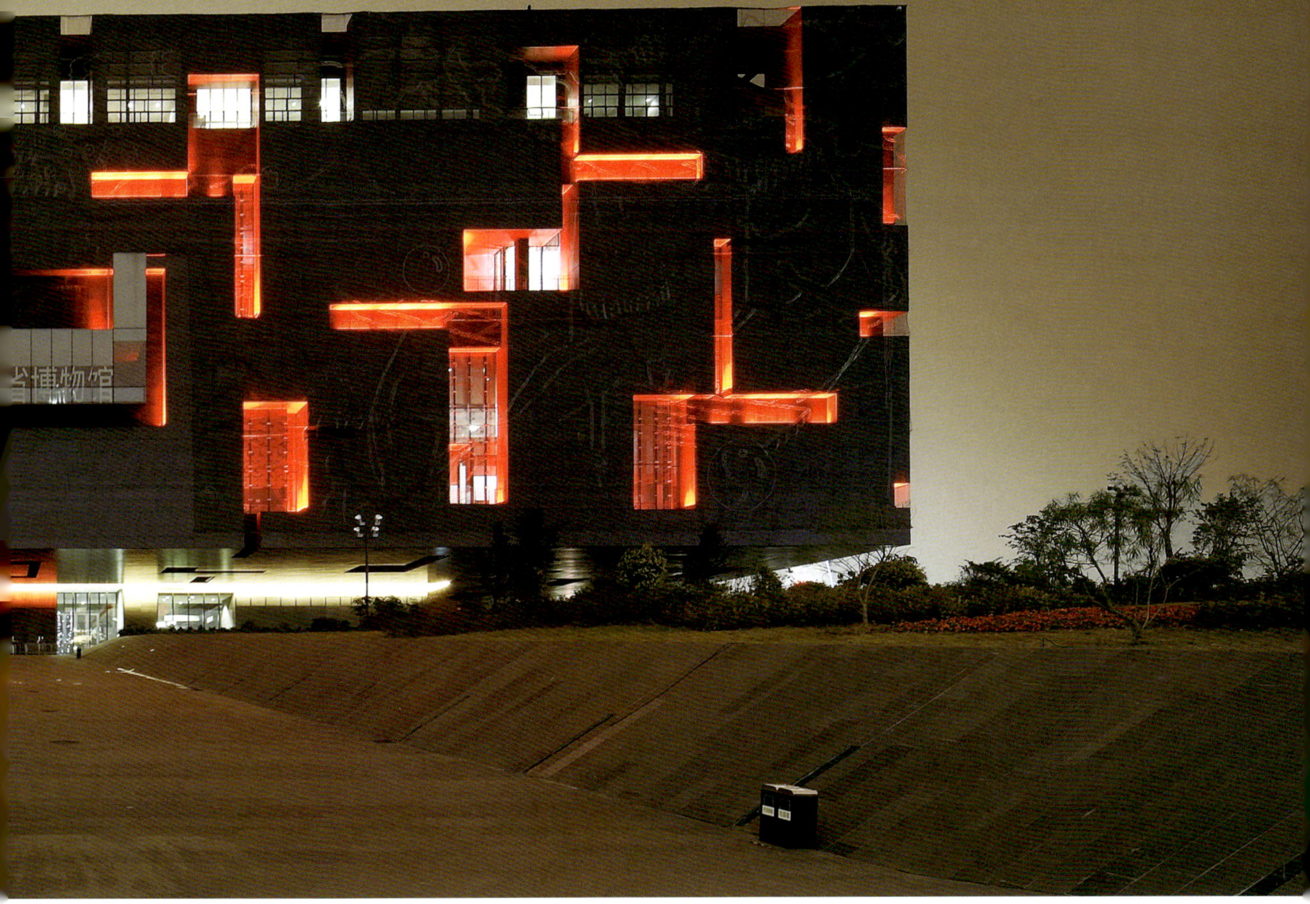

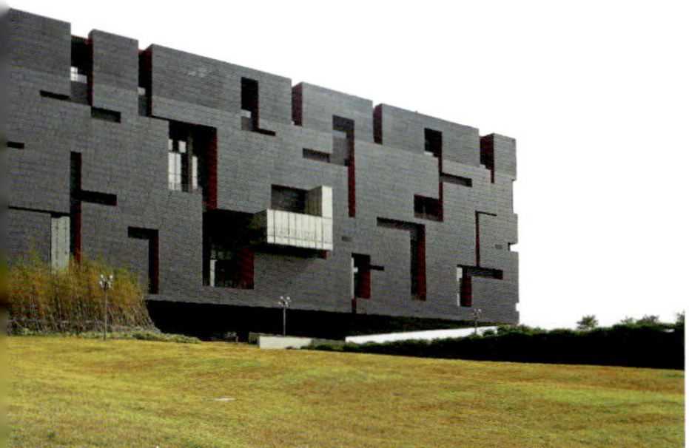

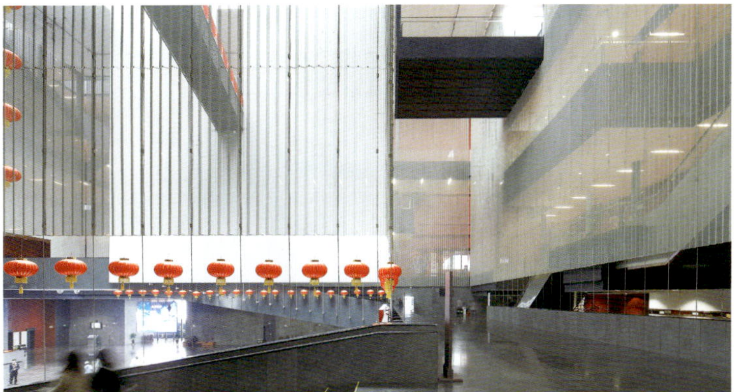

古代の遺跡？ 未来の建造物？
時代を超える建築の歴史博物館

オルドス博物館
モンゴル、オルドス｜MADアーキテクツ｜2012

ゴビ砂漠がわずかに盛り上がった丘の上に置かれた巨大な岩のような建築。北京を拠点にする建築ユニット、MADアーキテクツの設計による「オルドス博物館」だ。不規則な外形は刻々と姿を変える砂丘の姿を模したもの。積み重なる層のようなデザインは歴史の蓄積のメタファーだ。白い洞窟を思わせる内部は外観とは対照的に、有機的な壁を滑り降りる光がまばゆいほど。このエリアは自由に通り抜けられるパブリックスペース。都市をまるごと透明なドームで覆ったバックミンスター・フラーの「マンハッタン・ドーム構想」がヒントだ。収蔵品はモンゴルの歴史的文物や古生物学の資料など。古代の遺跡のようにも、未来からタイムスリップしてきたようにも見える建物に、モンゴルの長い歴史が展開する。

建物の中も外も巨大な細胞のような不思議な光景が広がる。今にも動き出しそうな有機的な建物だ。

101

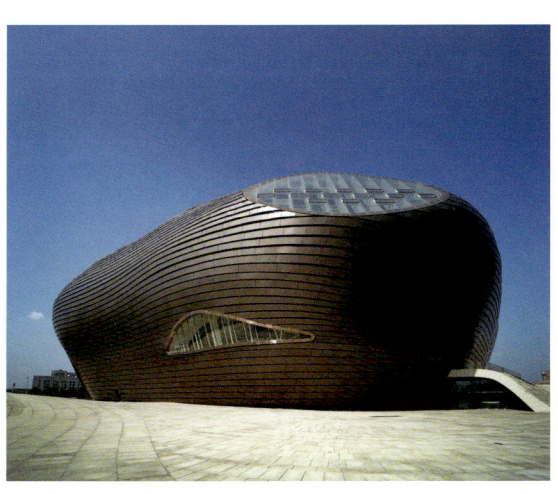

建都1000年を記念した
逆三角形の大博物館

ハノイ国立博物館
ベトナム、ハノイ | gmp Architekten | 2010

2010年はハノイ建都1000年という記念すべき年だった。それと呼応するように同年オープンしたのがハノイ国立博物館。国家会議センターに隣接する土地に、地上4階地下2階の巨大建築が生まれた。ベトナム国内では最大の博物館となり、総床面積は3万㎡に及ぶ。外観は逆三角形で一見不安定にすら見える斬新なもの。内部に入ると、スロープ状の通路が延々と伸びていき、その途中に展示が繰り広げられているという格好となる。そこに、ハノイの長い歴史をたどるために収集された5万点以上の史料が展示されている。来訪者がらせん状のあちらこちらをぞろぞろ歩いていく様子はなかなかに壮観である。

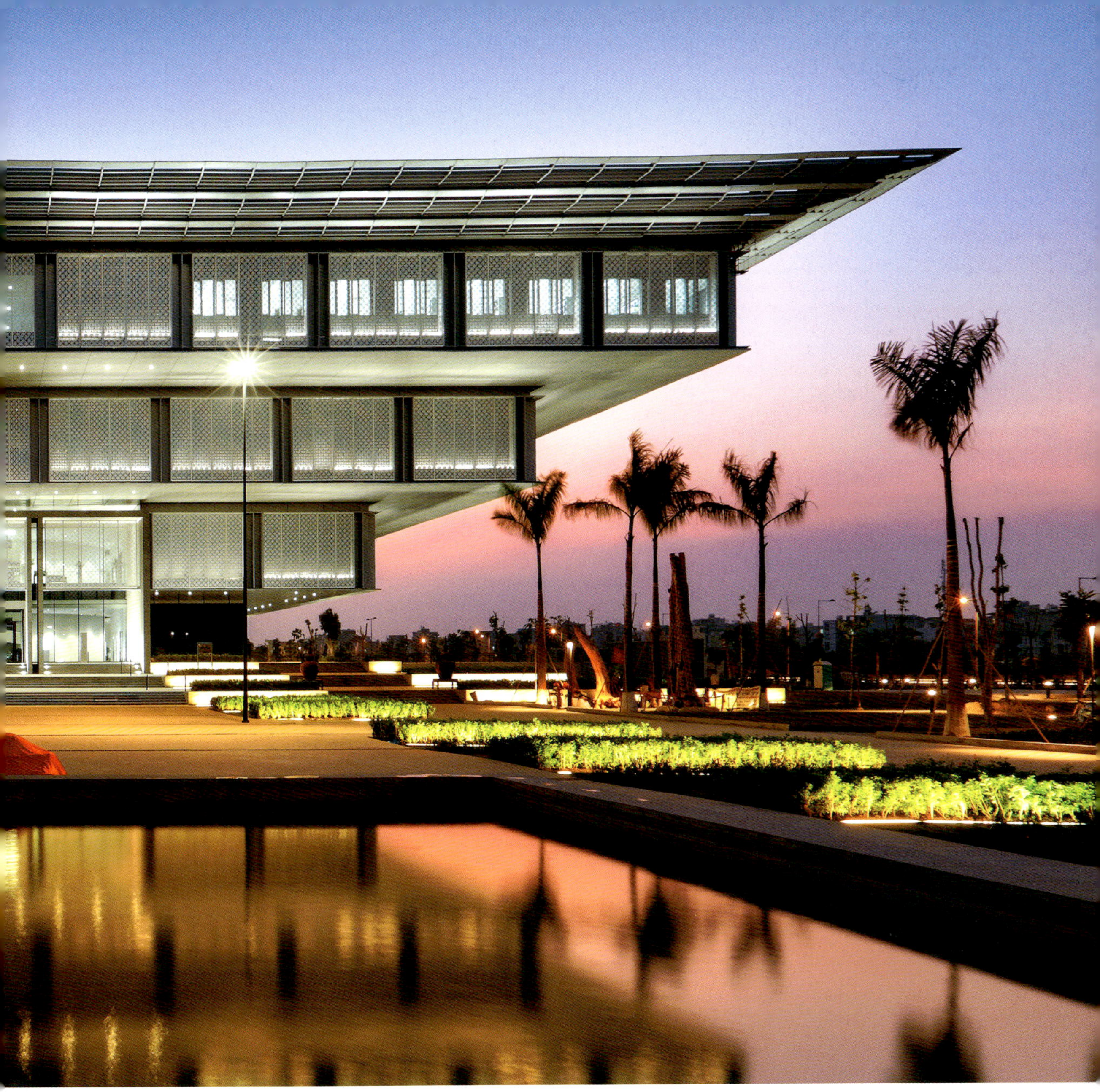

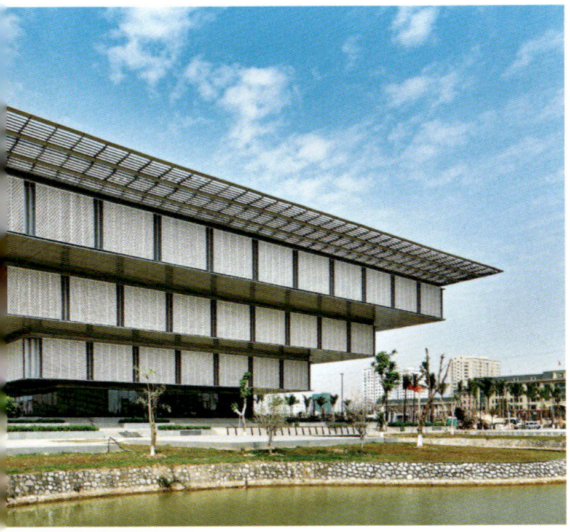

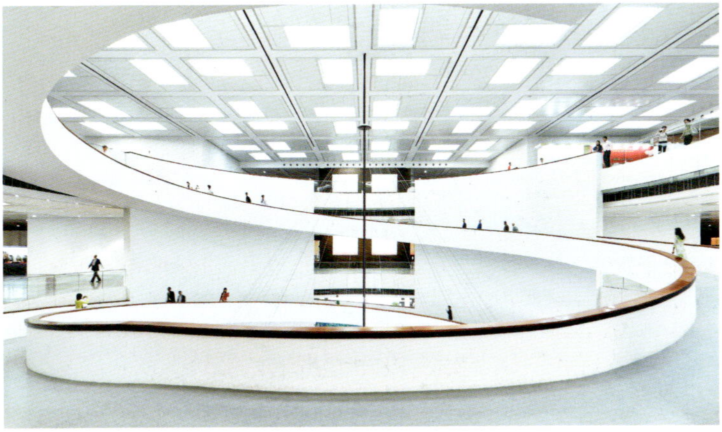

ハスの花を模した斬新な外観と最先端技術を内蔵するミュージアム

アートサイエンス博物館
シンガポール、アリーナ・ベイサンズ
モシェ・サフディ | 2011

芸術・科学をテーマに扱う施設として2011年に開設。ハスの花をイメージした建築はモシェ・サフディの手によって設計されたもの。斬新でユニークな形状ではあるが、展示空間はスペース、天井高ともに十分。メイン・ギャラリー、アッパー・ギャラリー、アート・サイエンス・ギャラリーにフロアは分かれる。シンガポール随一の展示スペースとして注目を集めている。空調や採光には最先端の技術を取り入れ、環境への配慮もしっかり為されている。海沿いの観光スポット、マリーナ・ベイ・サンズにおける最もユニークな建築のひとつとして、地域の景観をリードする存在となっている。

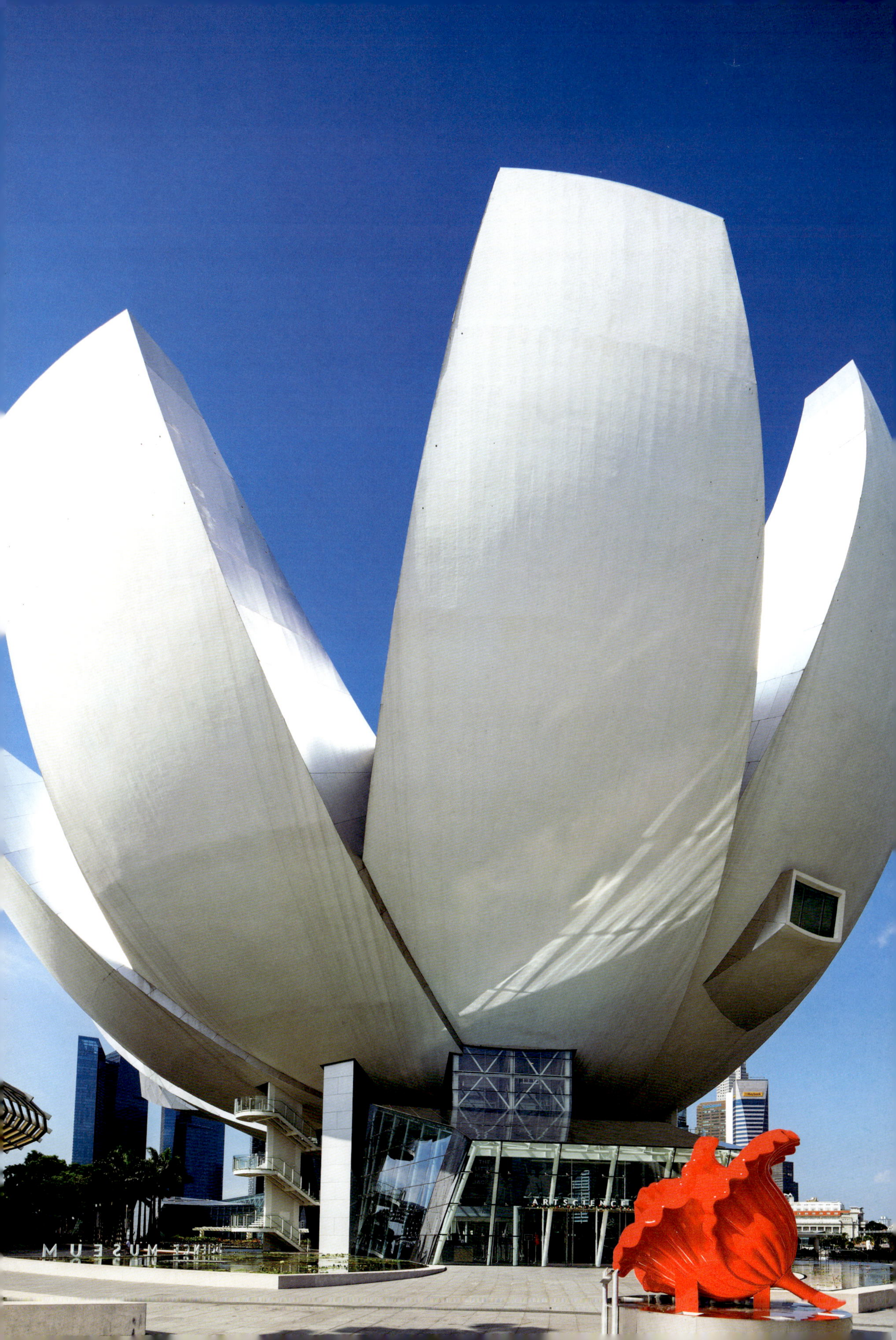
MUSEUM
ARTSCIENCE

神話の象の内部に潜って
神聖な雰囲気を味わう

エラワン博物館
タイ、サムットプラーカーン｜レック・ウィリヤパン
年不詳

3つの頭を持つ巨大な象（エラワン象）の彫像がランドマークとなっているミュージアム。内部は5階建てのビルになっており、創立者である華僑出身の財界人レック・ウィリヤパン氏所蔵の仏像や骨董品が数多く展示されている。3つの頭を持つ象は、ヒンドゥー教の神話に出てくる存在。建物は寺院でもあり、神聖かつ神秘的な雰囲気が漂う。内部に入っていくと、あらゆる場所が細部に至るまで見事な装飾で覆われていて目を奪われる。くねくねとうねって伸びていく階段、天頂部の色とりどりのステンドグラスなど、有機的な表現が多用され、生命の内部に迷い込んだかのような感覚に陥る。

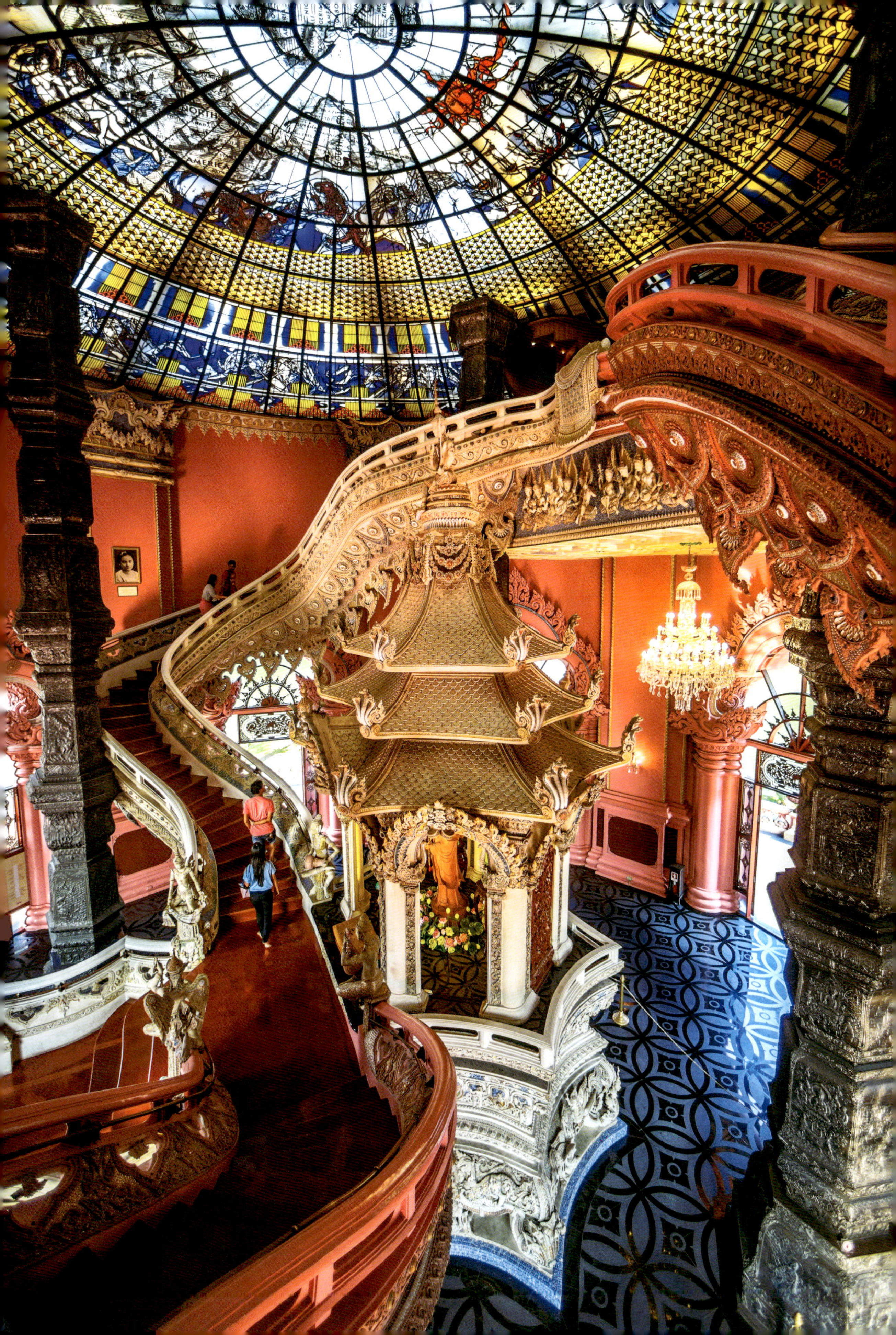

アートのさまざまな関係性を生み出す建築

ソウル国立大学美術館
韓国、ソウル｜レム・コールハース｜2005

　美しい形を作るだけでなく、人の流れや社会の活動など目に見えないものを可視化し、流れや動きを生み出すことも建築の役割だ。オランダの建築家、レム・コールハースは社会的な関係性に着目している理論派。太い柱で大きな箱が持ち上げられたような「ソウル国立大学美術館」も、大学のキャンパスと周辺のコミュニティをつなぐパイプとして設計されている。下が斜めになっているのは緩やかな丘の地形に沿ったもの。階段状の床に客席が並ぶオーディトリアムになっていて、螺旋階段を通じて上のギャラリーへと続く。ギャラリーでの展示とオーディトリアムでのレクチャーなどが緩やかにつながる仕組みだ。コレクションや展示は韓国の近現代美術が中心。アートを巡るさまざまな活動が互いに刺激し合う建築だ。

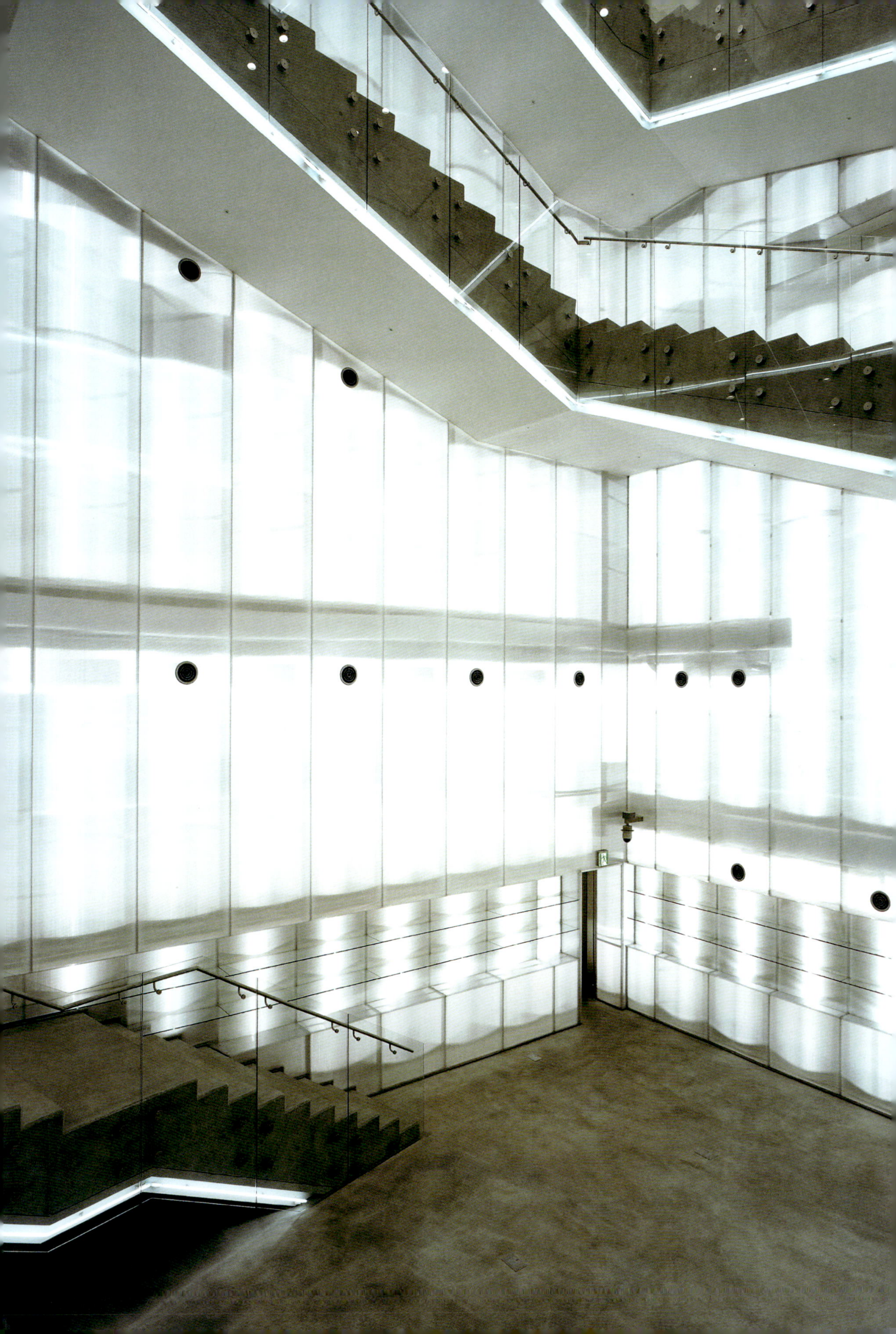

クラシカルな建物に
突き刺さる巨大な
クリスタルのような建物

ロイヤル・オンタリオ博物館
（マイケル・リー・チン・クリスタル）
カナダ、トロント｜ダニエル・リベスキンド
2007

クラシカルな建物に斜めに突き刺さっているような巨大なクリスタル。1914年に開館し、その後も増改築を繰り返していた「ロイヤル・オンタリオ博物館」にダニエル・リベスキンドが増築した「マイケル・リー・チン・クリスタル」棟だ。リベスキンドはこの博物館に展示されていた鉱石・宝石のコレクションからインスピレーションを受け、博物館で開かれた結婚式に出席していたときに紙ナプキンにスケッチを描く。「クリスタル」の名はここから取られた。「大胆な建築によって市民が街や博物館のすばらしさを再認識できる」とリベスキンドはいう。この増築によって浮世絵などの日本美術、中近東・アフリカ・東アジアの美術、恐竜などの自然史、文化人類学など多岐にわたる膨大な展示物もより見やすくなった。

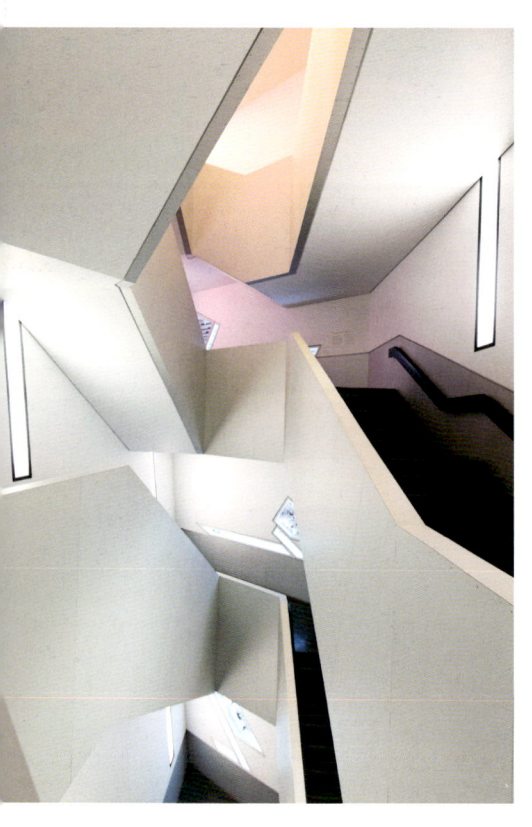

建物の中でも鉱物の結晶の内部にいるような、光が複雑に屈折する空間が広がる。明暗のグラデーションも美しい。

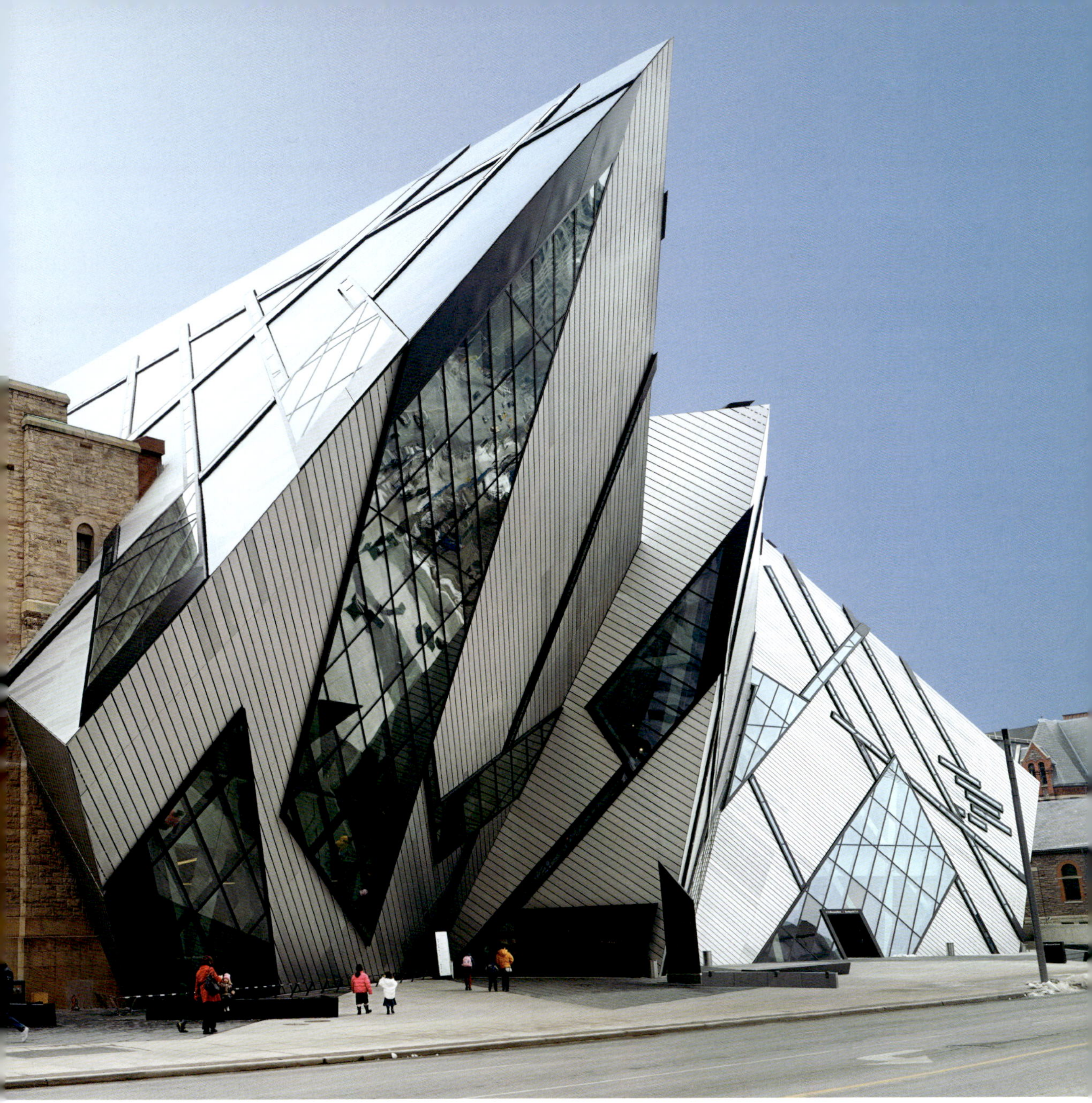

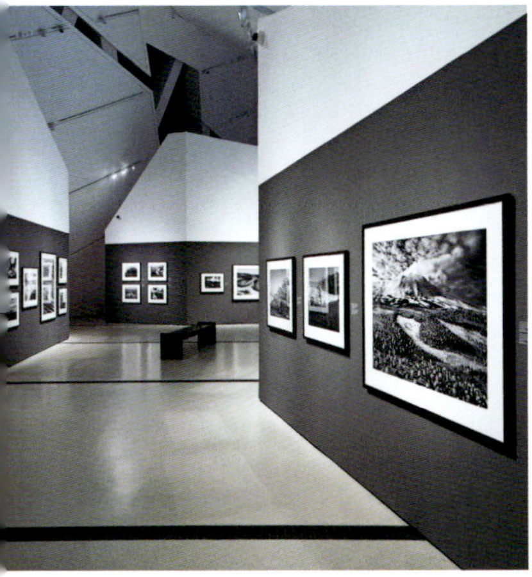

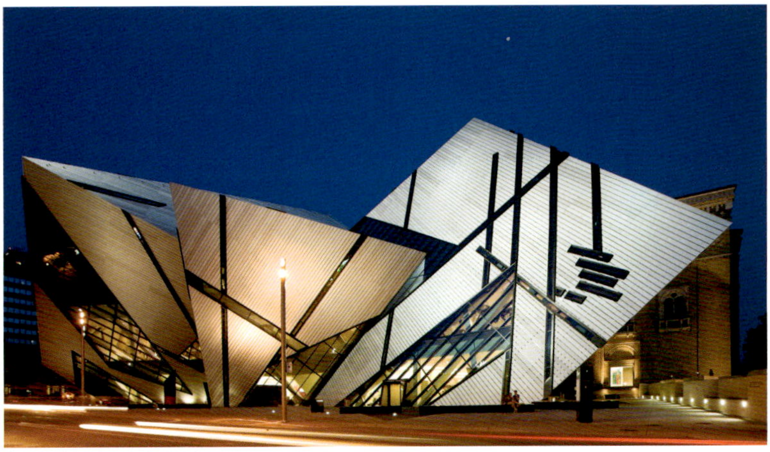

112

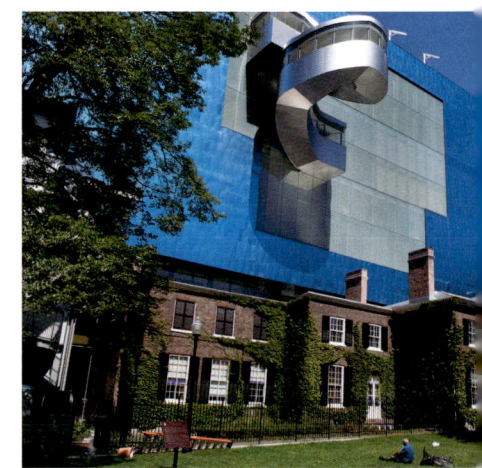

多様性あふれる立地環境を
そのまま生かし邸宅を増改築

アートギャラリー・オブ・オンタリオ
（オンタリオ美術館）

カナダ、トロント｜フランク・ゲーリー｜2008

同館はもともと、トロント最古のレンガ建築となるグレインジ邸を転用する形で、1913年に開館。以来、時機に応じて建て増しが行われ、来訪者の動線に不具合が生じていた。問題を解決するために大規模な増改築が計画され、フランク・ゲーリーは9000㎡の増築を含む大胆なリニューアルを施した。新設のロビーは、古代エジプト建築を模し、ピラミッド型の天井を持つ。回廊の開口部には自慢の収蔵品、ヘンリー・ムーア「横たわる人物、ドレープ」が位置を占めてよく目立つ。南側ファサードにはグレインジ邸をうまく組み込んだレンガ作り、北側は周囲の伝統的な景観と溶け込むよう、レンガ作りの柱間と、装飾的なスティール製コーニスを用いた。

外観とうってかわって内部は木材が多く使用され、大胆な曲線を使った階段など躍動感のあるデザイン。

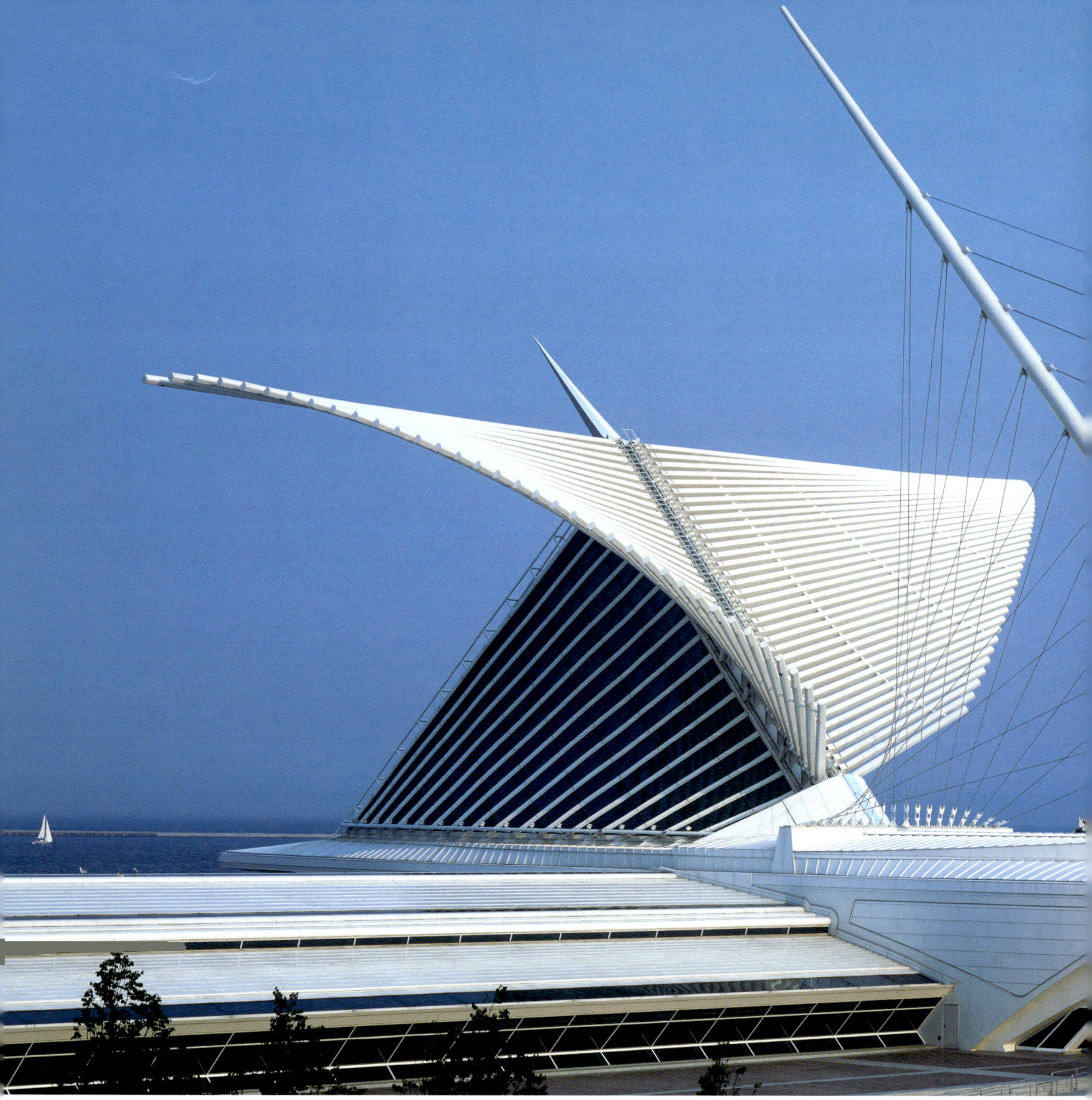

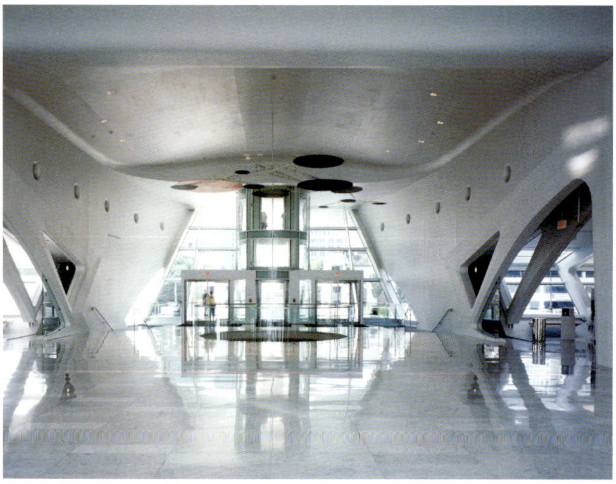

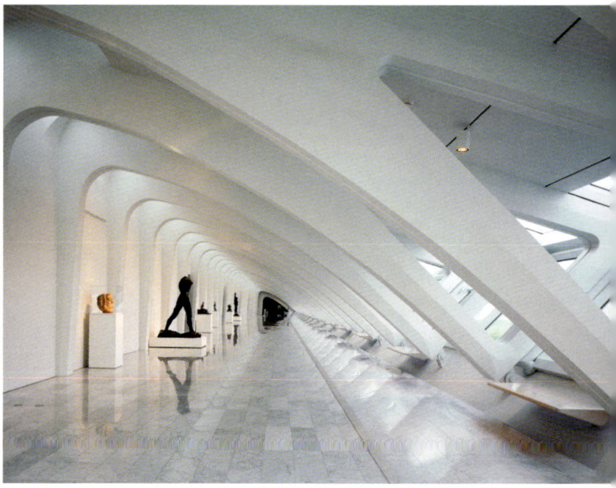

白い翼が優雅に開閉する
ダイナミックな"動く建築"

ミルウォーキー美術館（増築）
アメリカ、ミルウォーキー | サンティアゴ・カラトラヴァ
2001

ミシガン湖に向かって白い翼か帆を広げたような建物。しかもこの"翼"は朝になると開き、夜には閉じるのだ。張り出した屋根を支えるあばら骨のような構造体は「フライング・バットレス」と呼ばれる中世のゴシック建築の応用だ。設計はスペイン出身のサンティアゴ・カラトラヴァ。建築のほか、構造や土木工学、航空力学を学んでいる。「クワドラッチ・パビリオン」と名づけられたこの建物は、ミッドセンチュリーの建築家、エーロ・サーリネンらによって設計された既存の美術館の増築。「ミルウォーキー美術館」は近現代美術を中心に16世紀フランドルのタペストリーや20世紀のハイチ美術、ジョージア・オキーフらの作品を収蔵している。"動くランドマーク"がさらに多くの来館者を惹きつけている。

周囲の小径を内部に
延長させたような建築

エリ&エディス・ブロード美術館
アメリカ、ミシガン｜ザハ・ハディド｜2012

ステンレスとガラスでできたプリーツが外壁を覆う美術館。プリーツの向きは縦横に変化して、パッチワークのような眺めだ。「エリ&エディス・ブロード美術館」はミシガン州立大学キャンパス内に建つ美術館。この美術館に収蔵されているブロード夫妻のコレクションは古代ギリシャ・ローマからルネサンス、近代まで多岐にわたっている。コンペによって決まった設計者はザハ・ハディド。建物の形は周囲の小径やそこを歩くときの視線の動きから決められた。中に入るとプリーツの間から入る光で開放的な空間が広がる。壁は斜めでも天井が高いので圧迫感はない。斜めに配されたエスカレーターや線状になった天井のライトが、建物の中での小径や視線の動きを表現する。外部と内部が抽象的な線でつながる美術館だ。

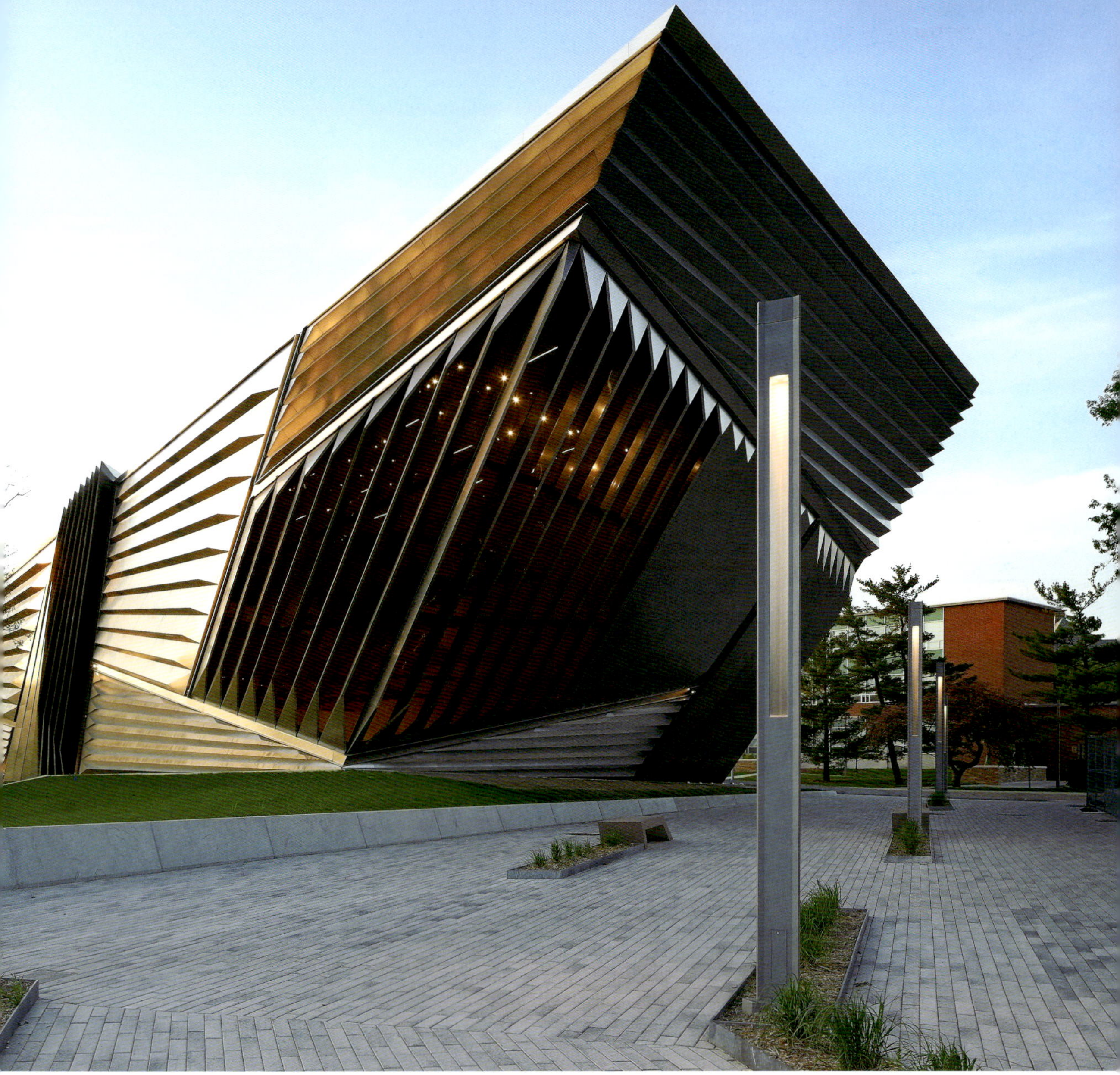

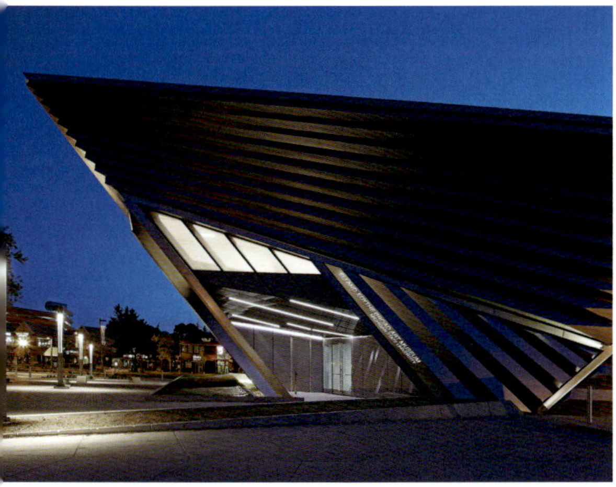

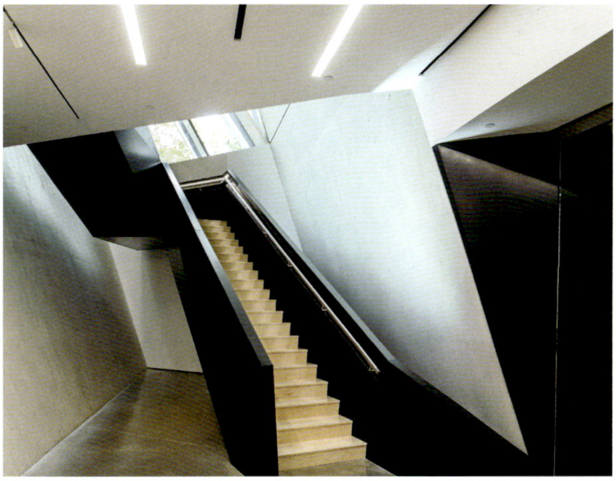

メタルメッシュの雲の下に
ガラスの岩が置かれた美術館

アクロン・アート・ミュージアム（増築）
アメリカ、アクロン｜コープ・ヒンメルブラウ｜2007

クラシックな赤レンガの建物の上に張り出したメタルメッシュの大きな"翼"。赤レンガの建物は1899年に開局した郵便局を1981年に「アクロン・アート・ミュージアム」に改修したもの。金属の翼は2007年にオーストリア出身の建築ユニット、コープ・ヒンメルブラウが設計した新館だ。「クラウド・ルーフ」（雲の屋根）と呼ばれる"翼"の下には斜めになったガラスの壁でできた「クリスタル」が置かれ、展示室がある「ギャラリー・ボックス」が浮かぶ。外光が降り注ぐ「クリスタル」の中は光の海のよう。「建築家なら誰でも重力から解放されたいと願っている」と設計者がいうとおりの建物だ。コレクションは18世紀以降のアメリカ美術が中心。ドナルド・ジャッドやフランク・ステラの名作が収蔵されている。

軽やかな"翼"がもと「郵便局」と「ギャラリー・ボックス」、新旧ふたつの展示棟を守るように伸びる。

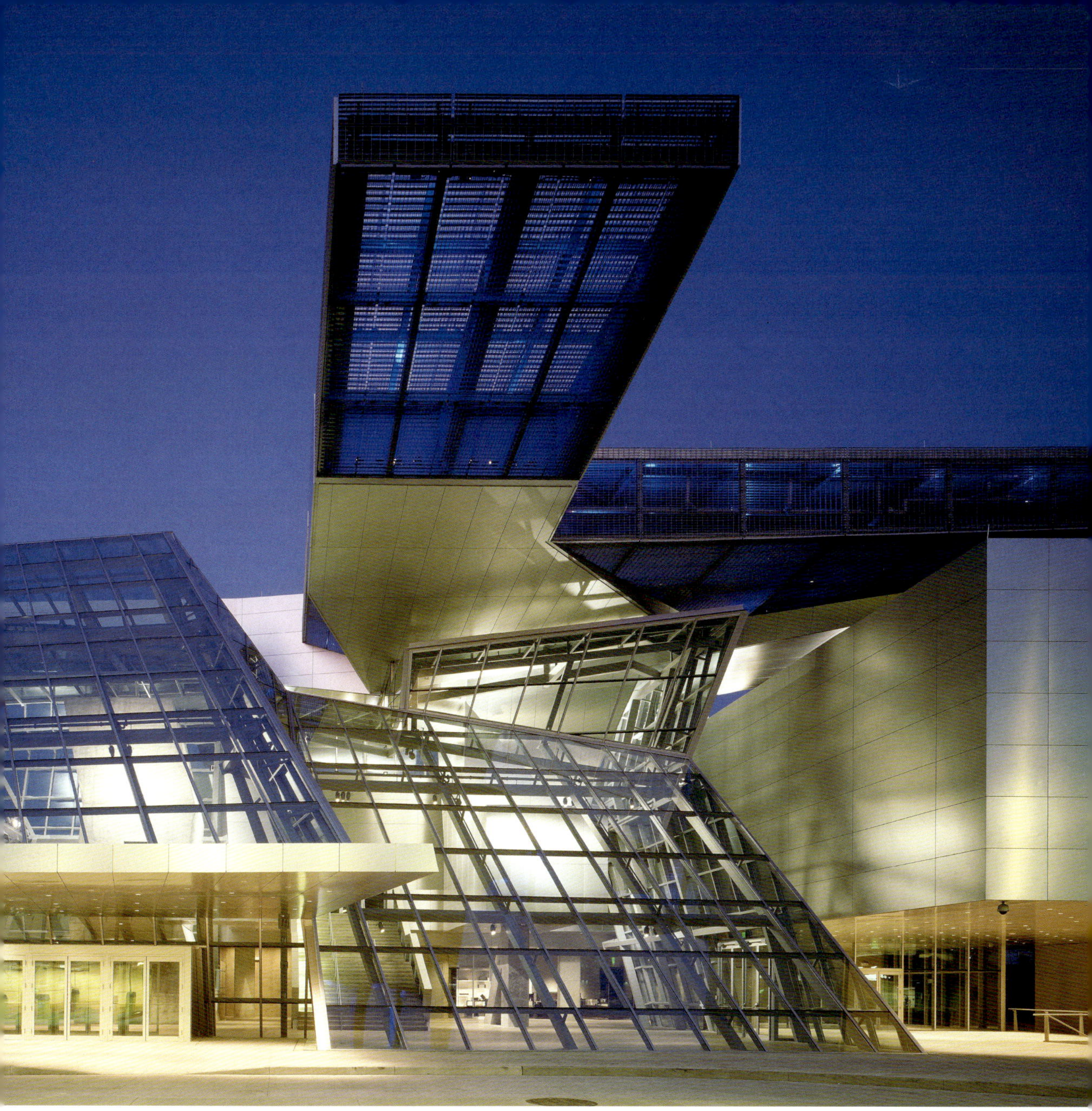

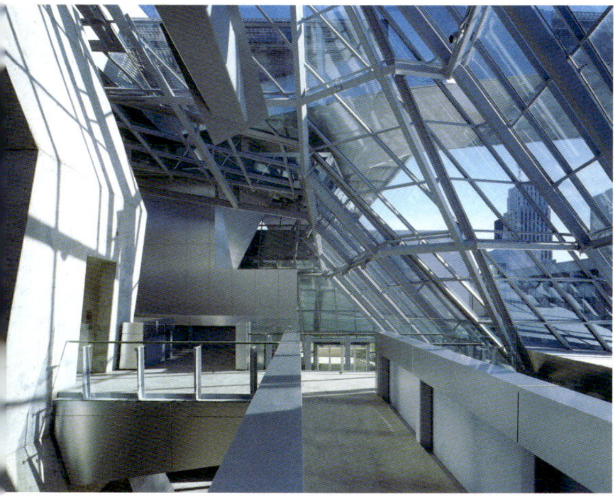

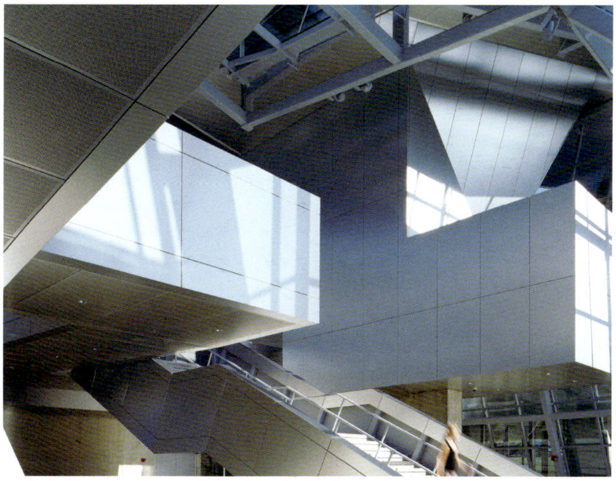

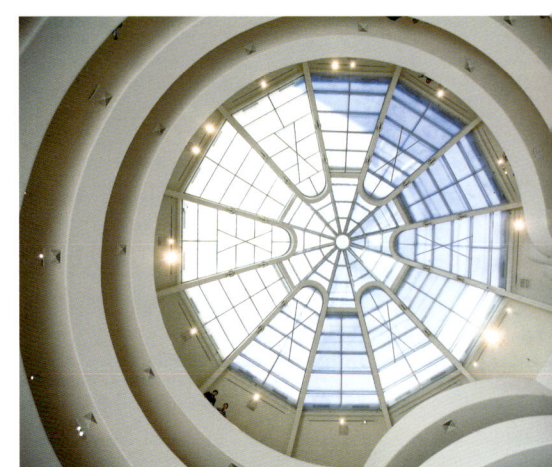

THE SOLOMON R GUGGENHEIM MUS

天窓からの光の中
螺旋状の回廊を
そぞろ歩く楽しみ

ソロモン・R・グッゲンハイム美術館

アメリカ、ニューヨーク｜フランク・ロイド・ライト
1959

モダニズムを代表する建築家、フランク・ロイド・ライトがソロモン・R・グッゲンハイムのアドバイザー、ヒラ・リベイから美術館を依頼されたのは1943年のことだ。彼は古代バビロニアのピラミッド型の寺院「ジグラット」からインスピレーションを得たカタツムリの殻のような建物をデザインした。観客はエレベーターで最上階まで運ばれ、大きな丸い吹き抜けを取り囲む螺旋状の回廊を下りながら作品を観賞する。回廊を歩いていくうちに吹き抜けの反対側にある作品を見上げたり見下ろしたりもできる。この美術館では展示スペースに限りがあるため、展示できる作品にも制約がある。しかし天窓からの光の中、絵画とゆっくり向き合いながらそぞろ歩きを楽しめる、唯一無比の空間であることは間違いない。

ライトの死後半年たってから完成した、晩年の傑作。三角形、楕円、円、四角形などの幾何学形態がシンフォニーを奏でる。

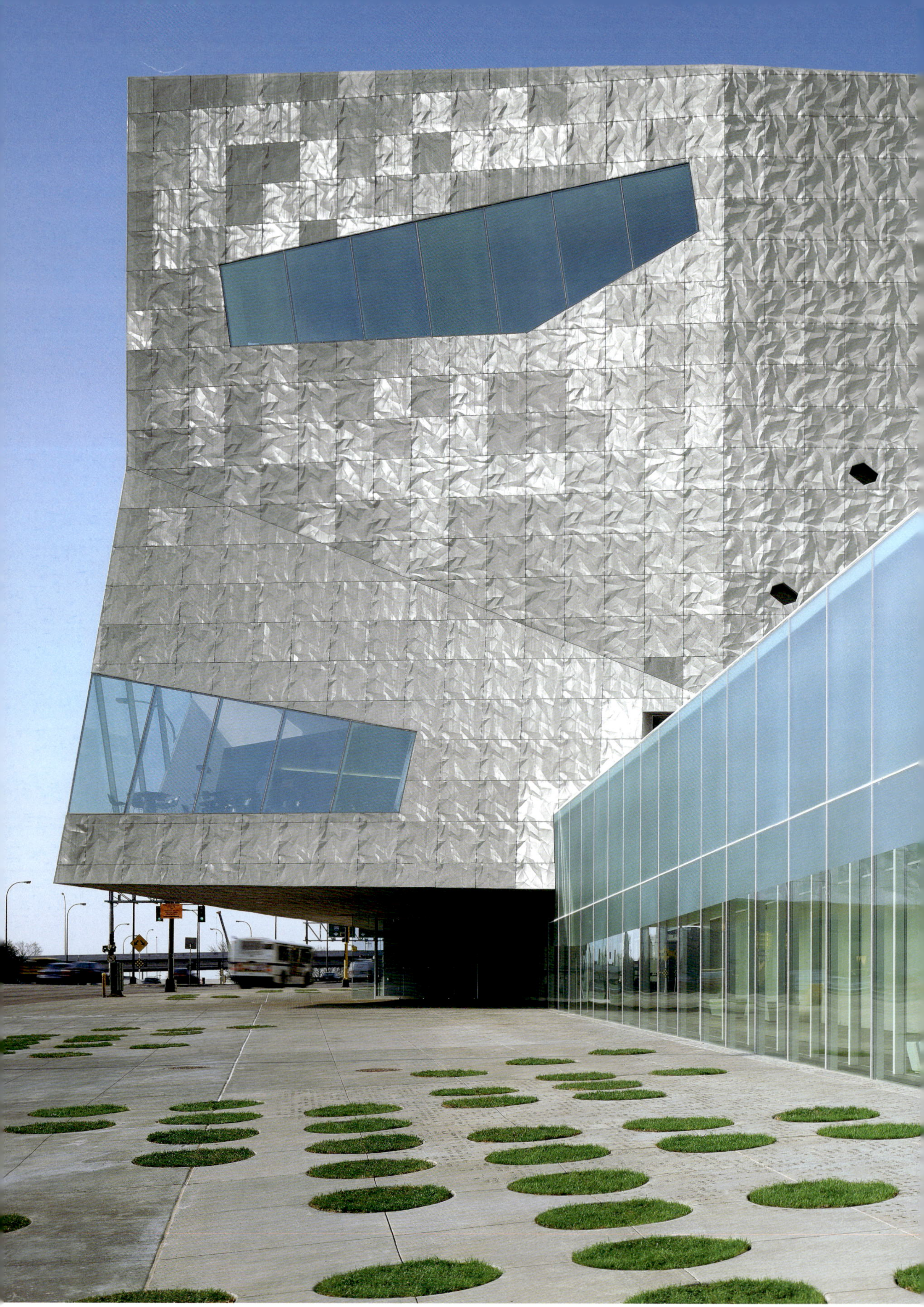

凍った湖のかけらが建築になったようなきらめく美術館

ウォーカー・アート・センター（増築）
アメリカ、ミネアポリス｜ヘルツォーク&ド・ムーロン
2005

池に浮かぶ巨大なスプーンとさくらんぼのオブジェが目に飛び込む「ウォーカー・アート・センター」の彫刻庭園。現代美術を中心にパフォーマンスやメディア・アートなど、多彩なアートを見せる美術館として知られている。2005年にヘルツォーク&ド・ムーロンの設計で完成した棟は、アルミのメッシュで覆われたファサードが特徴だ。くしゃくしゃにした紙か、凍った湖の破片のようにも見える。内部も複雑に折れ曲がって巨大な折り紙の中にいるような気分に。大きな窓がある1階では街の風景を背景にアートを楽しむこともできる。シアターではパフォーマンスだけでなくアートのインスタレーションも展示できる。彫刻とダンス、絵画とパフォーマンスの融合といった試みで、アートの幅が広がる。

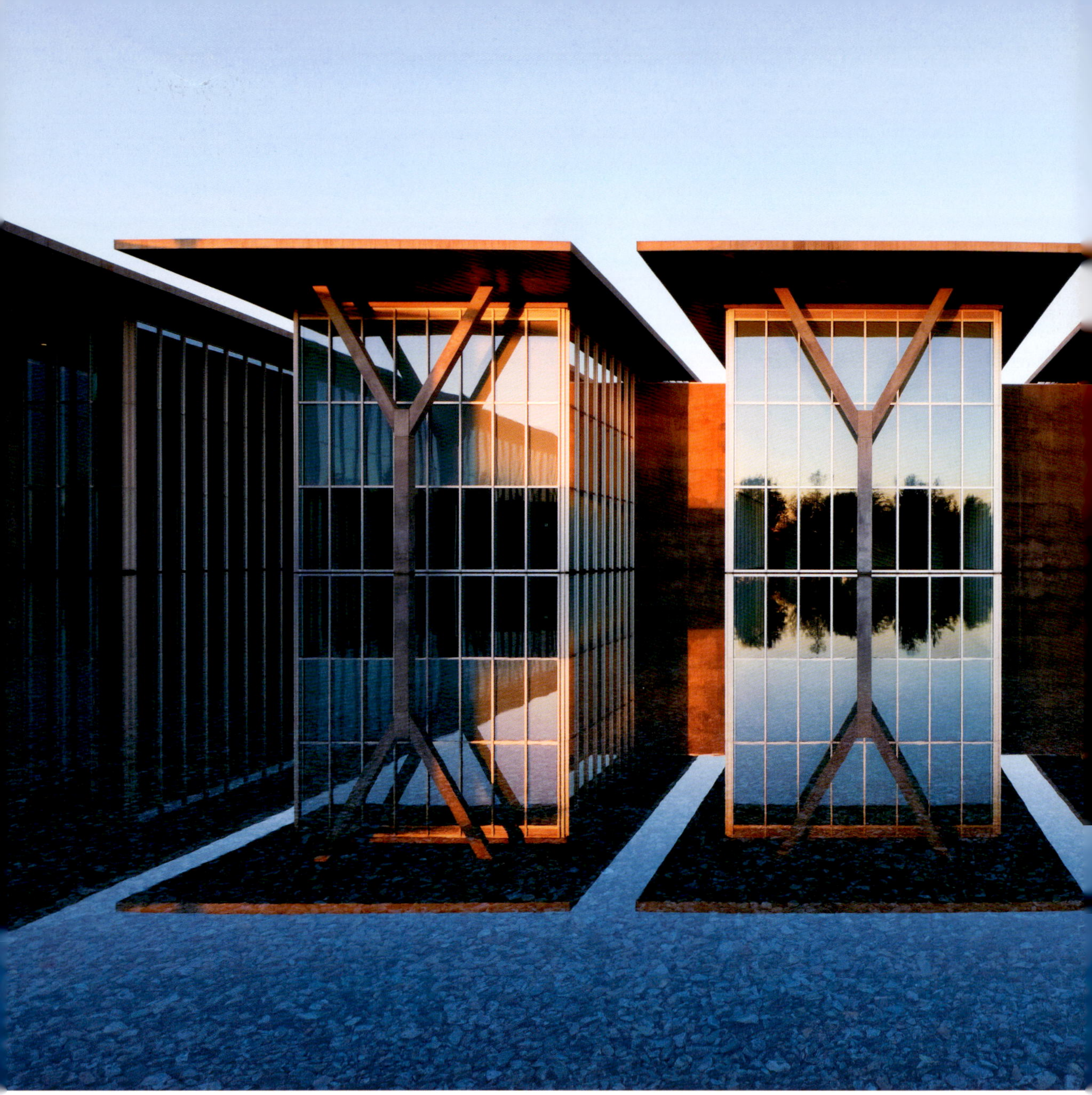

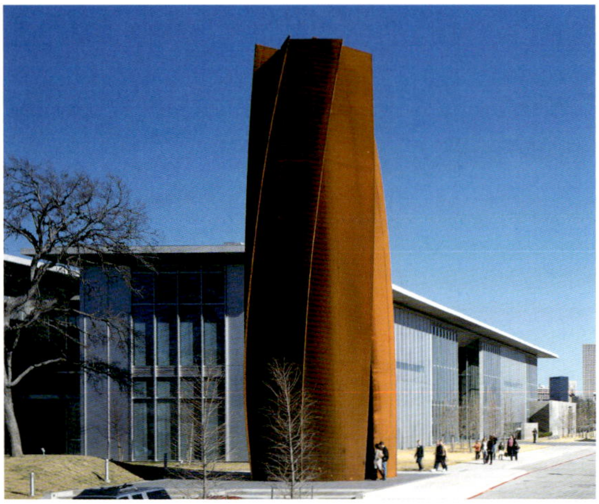

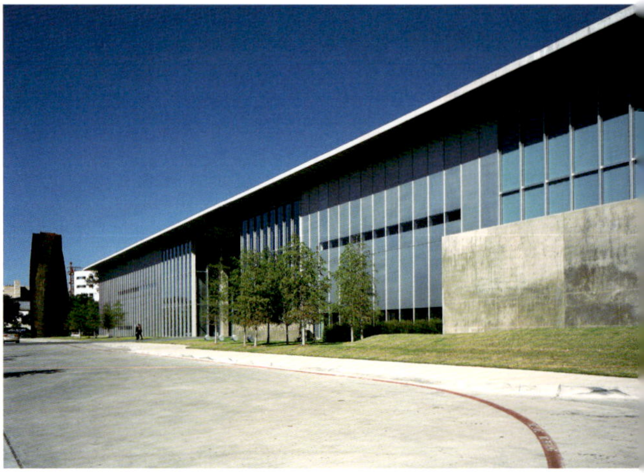

先達に敬意を払い
水に浮かぶ芸術の森

フォートワース現代美術館
アメリカ、テキサス｜安藤忠雄｜2002

静かな水面にその姿を映すガラスの箱。大きく張り出した水平の屋根をY字型の柱が支える。設計者の安藤忠雄が意識したのは隣接するルイス・カーンの名作、「キンベル美術館」。半円形の屋根を載せた端正なコンクリートのファサードや自然光の入る展示室に敬意を表し、「フォートワース現代美術館」でも同じデザインの箱を並べ、大きなガラスから自然光を入れたり、展示室へ通じる大階段の天井をアーチ状にするなど、同様のデザインを施した。コレクションは戦後の近現代美術が中心。建物の内外に恒久設置されたアンゼルム・キーファーの暗示的なオブジェやヘンリー・ムーアの彫刻は建築と対話を交わしているよう。水とガラス、コンクリートに守られた、砂漠の中の聖地のような美術館だ。

ガラスの箱の中にコンクリートの箱を挿入した二重皮膜構造。季節や時間によってさまざまに表情を変える。

人々を招き入れる
"アーバン・カーペット"

ローゼンタール現代美術センター
アメリカ、シンシナティ｜ザハ・ハディド｜2003

街を歩いて行くと自然に建物の中に誘い込まれ、その床がめくり上がって壁になる。まるで地面に敷かれた大きなカーペットがめくり上がったかのようだ。設計者のザハ・ハディドが「アーバン・カーペット」、都市の絨毯と呼ぶこの構造体はエントランスからロビーへ、さらに内部へと続く。この「アーバン・カーペット」に沿って緩やかな長い階段がジグザグに上り、上階の展示室へ自然と導かれる仕組みだ。さまざまなサイズやプロポーションのギャラリーが、多様化する国内外の現代美術をより親しみやすくしてくれる。大きなブロックがランダムに積み重ねられたような外観はギャラリー部分がコンクリートとメタル、オフィス部分はガラスと変化に富む表情を見せる。アートを楽しむ"魔法の絨毯"だ。

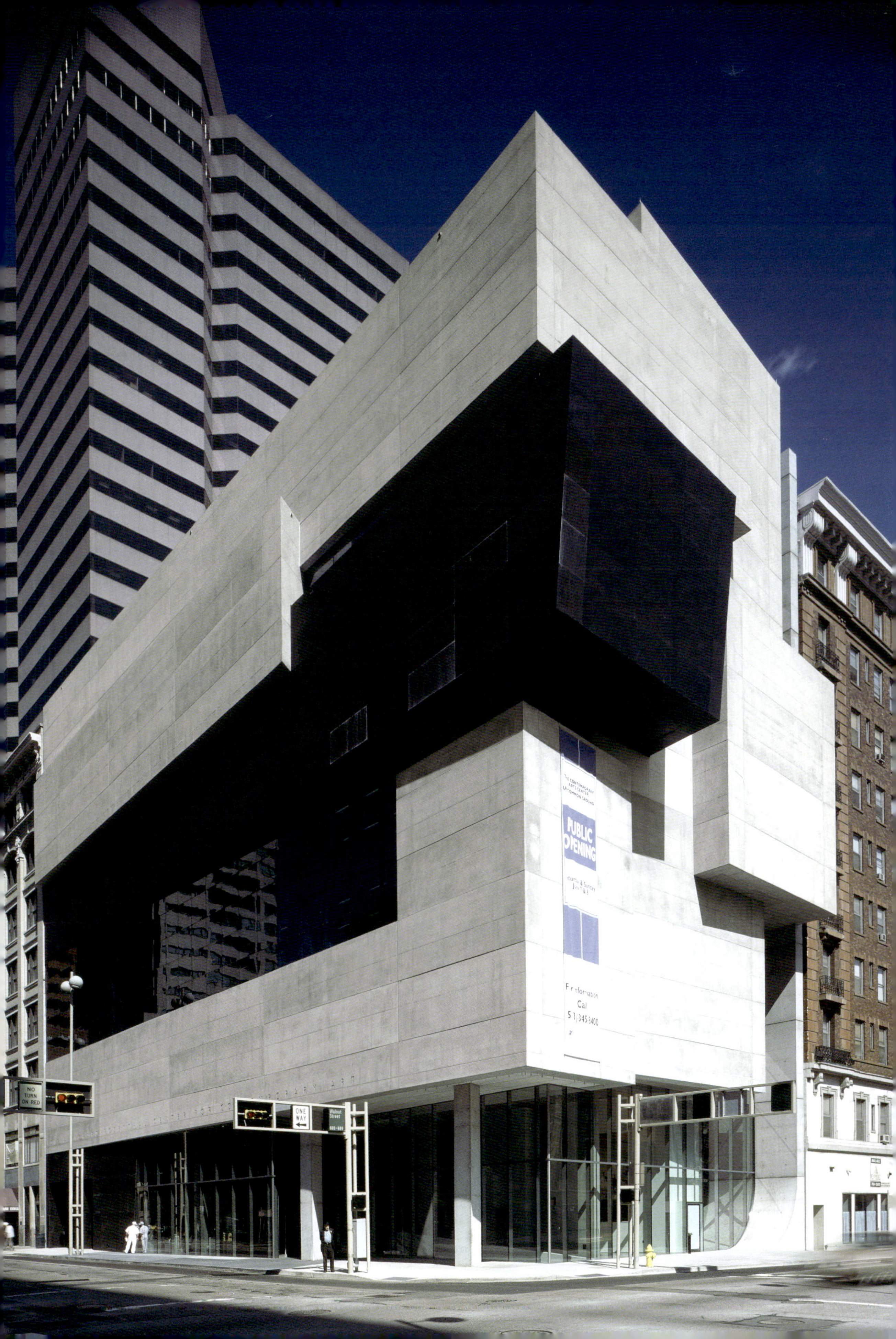
PUBLIC OPENING
NO TURN ON RED
ONE WAY

先達へのオマージュを込めた太陽に輝く巨大な結晶

デンバー美術館（増築）
アメリカ、デンバー｜ダニエル・リベスキンド
2006

巨大な鉱物の結晶のような建物。ダニエル・リベスキンドが設計した「デンバー美術館」の増築棟は、1971年に開館したイタリアのジオ・ポンティ設計の「ザ・フレデリック・C・ハミルトン館」の増築だ。リベスキンドはポンティの建物からロッキー山脈や幾何学的な岩石の結晶を連想したという。ジオ・ポンティへのオマージュを、リベスキンドなりにデザインした新しい"結晶"とチタンのパネルという最新の素材に置き換えて表現した。デンバー美術館自体は1920年に開館した。ネイティブ・アメリカン・アートのコレクションが有名だが、世界中のさまざまな時代のアートやクラフトを幅広く収集している。宮島達男のコミッションワークを設置するなど、常に同時代のものを取り込み続けている。

多くの人が訪れて、デンバーの街の結節点となった建物。外壁を覆う輝くチタンは新しい時代の象徴だ。

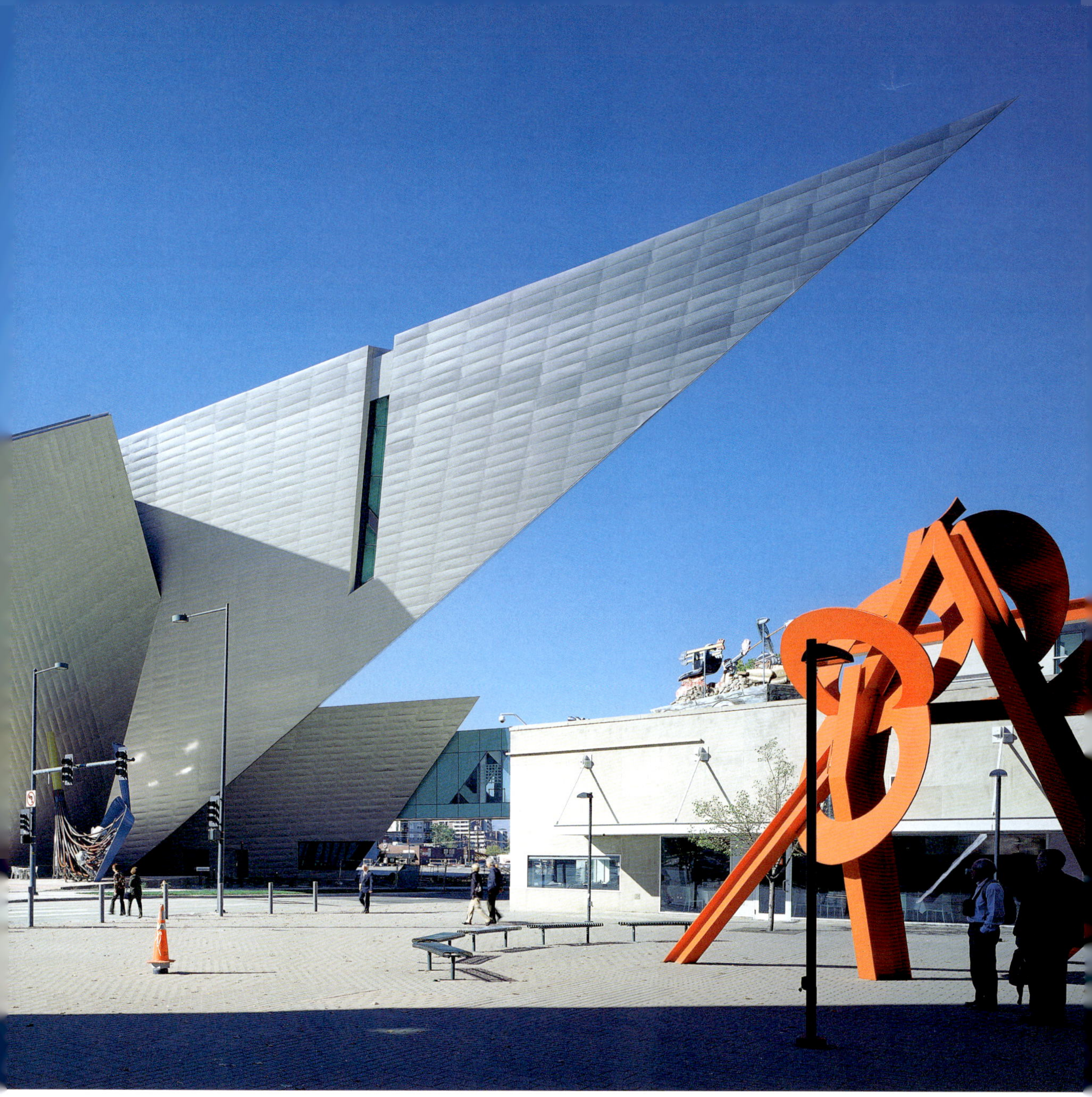

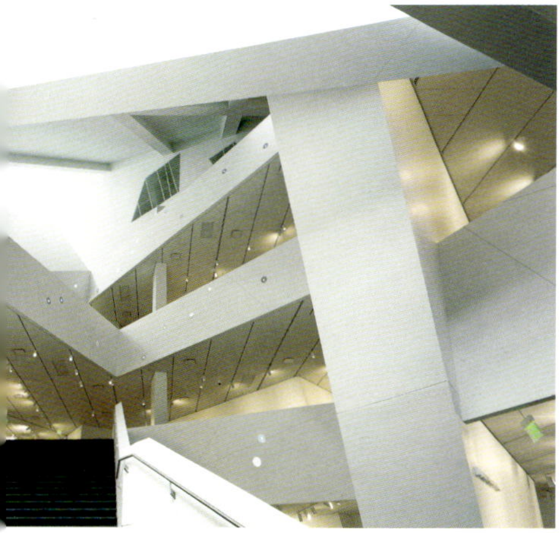

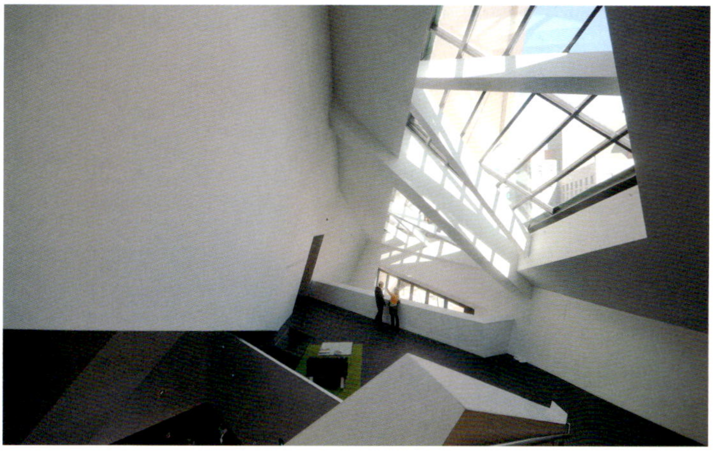

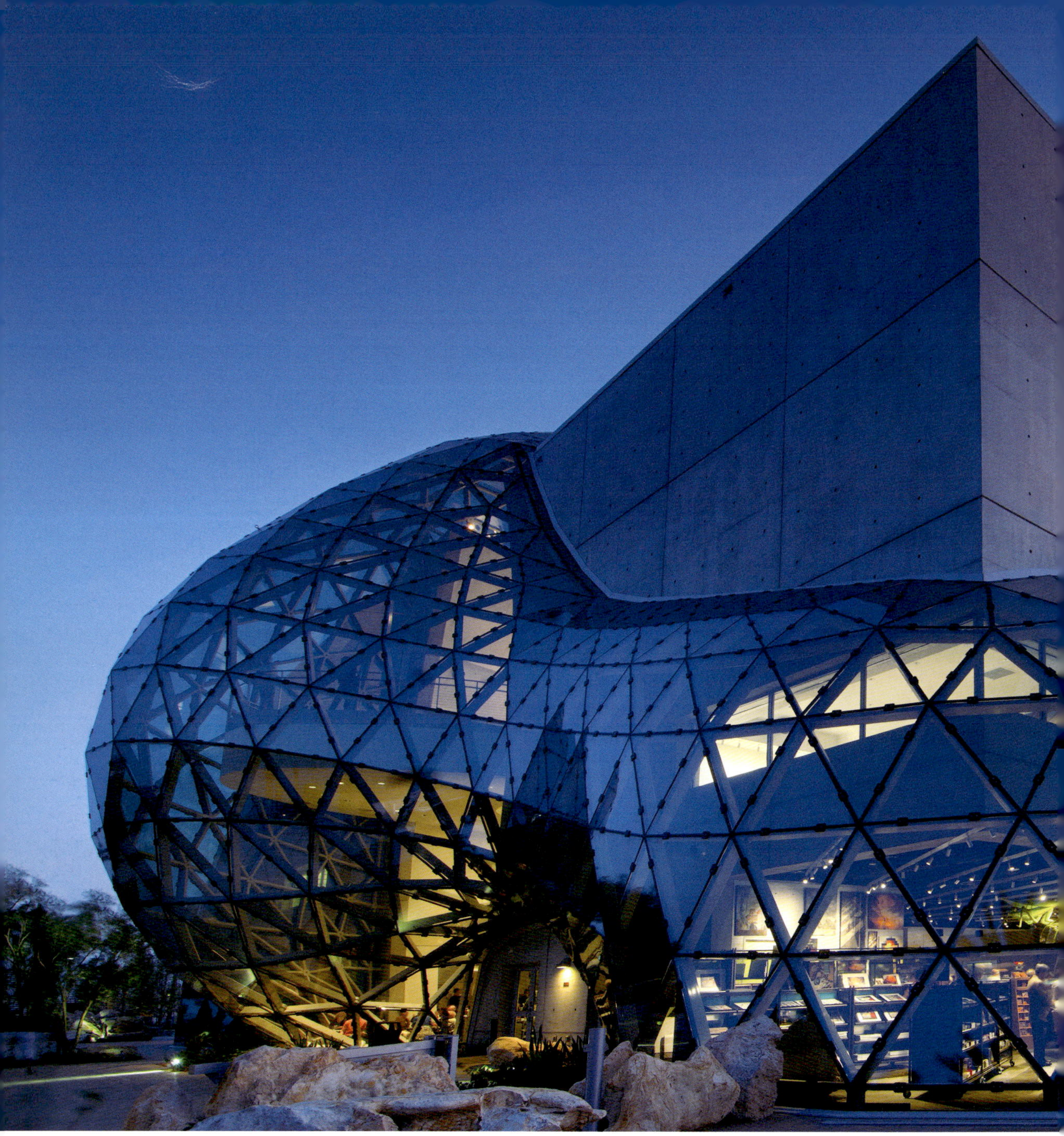

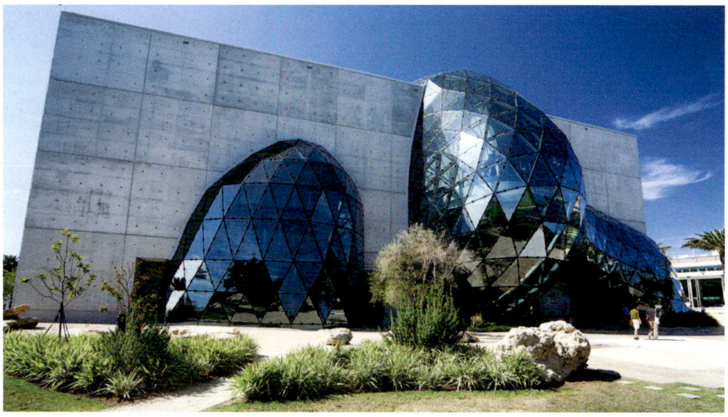

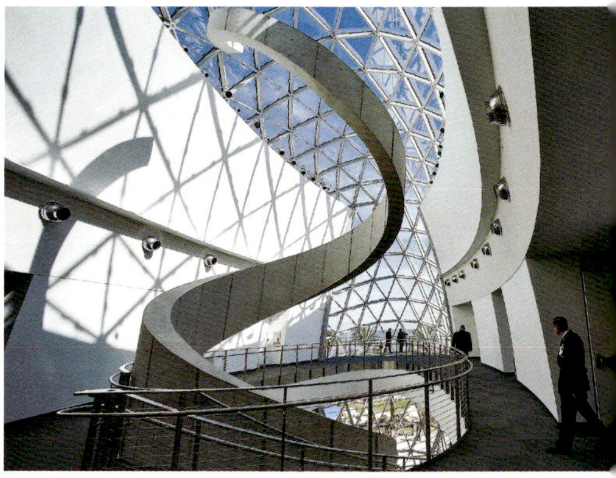

シュールなダリ作品に
負けず劣らぬ奇抜な建築

サルバドール・ダリ美術館
（セントピーターズバーグ）
アメリカ、フロリダ
ヘルムース・オバタ・カッサバウム | 2011

フロリダ半島のセントピーターズバーグに突如として現れるのが、シュルレアリストとして世界的に名を馳せるサルバドール・ダリの美術館。強烈な日差しに照らされて輝くのは、曲線を描くように配されたガラスによる壁面。その丸みはどこか、ダリの作品内で見かけた溶ける時計の姿を思い起こさせる。ヘルムース・オバタ・カッサバウムによる建築は、常に刺激を求め続けたダリの作品に負けず個性的な仕上がりだ。館の周囲の光景、文化はスペインの影響が色濃く、そのあたりもスペインの至宝たるダリの作品を観るにはもってこいの環境。絵画や彫刻などの代表作を、心置きなく楽しめる。

1062枚の三角形ガラスからなる曲面壁は、大きくうねりながら天井まで続く。

木の"編み目"を通じて
建物の中を満たす光

アスペン美術館
アメリカ、コロラド｜坂茂｜2014

薄い木の板を編み込んだメッシュのような外壁から光が差し込む。三角形に組んだ木でできた屋根からも光がこぼれる。被災地支援など人道活動が評価されている建築家、坂茂が設計した「アスペン美術館」は、柔らかく編んだ木でガラスの箱を包んだような建物だ。この木のメッシュと中のガラスの箱の間をぐるりと大階段が取り囲み、エントランスから屋上までアプローチできる。階段のほかにある大きなガラスのエレベーターは移動する部屋のようだ。屋上からはアスペンの美しい山並みが見渡せる。この美術館ではコレクションを持たず、大小5つの展示室で現代美術を中心とした企画展を行う。ワークショップなど、子供向けのプログラムも充実している。どこにいても柔らかい光が入る空間で難解な現代美術に楽しく接することができる。

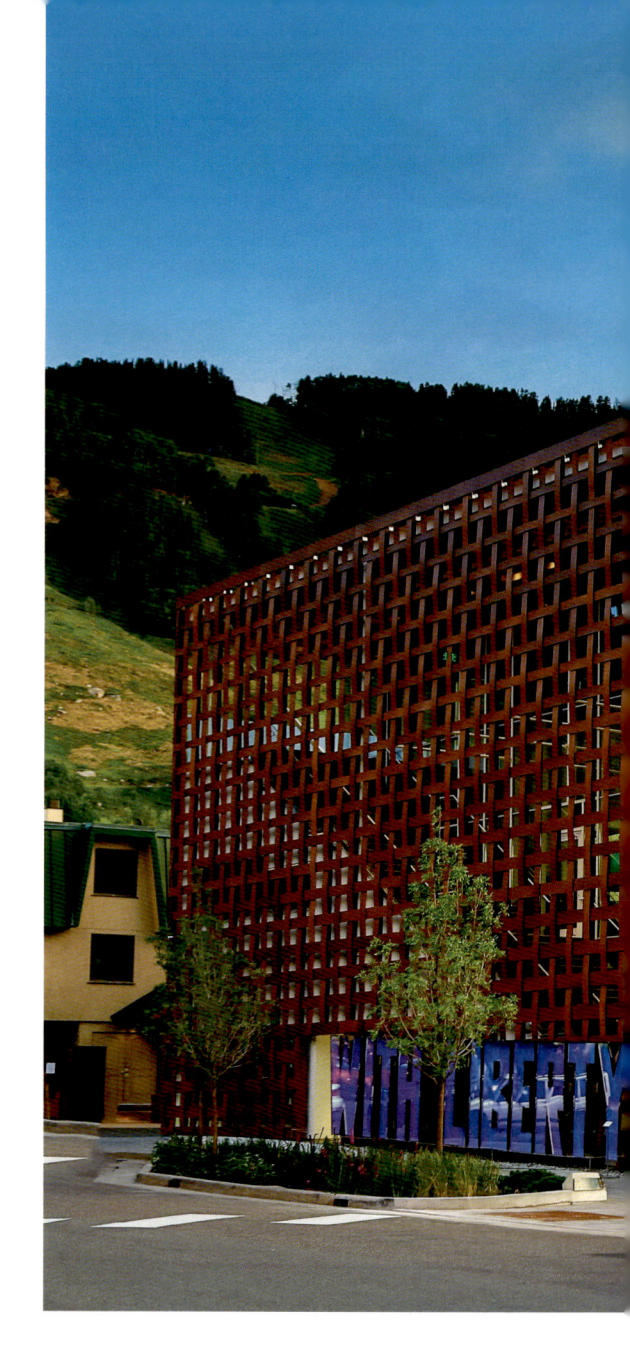

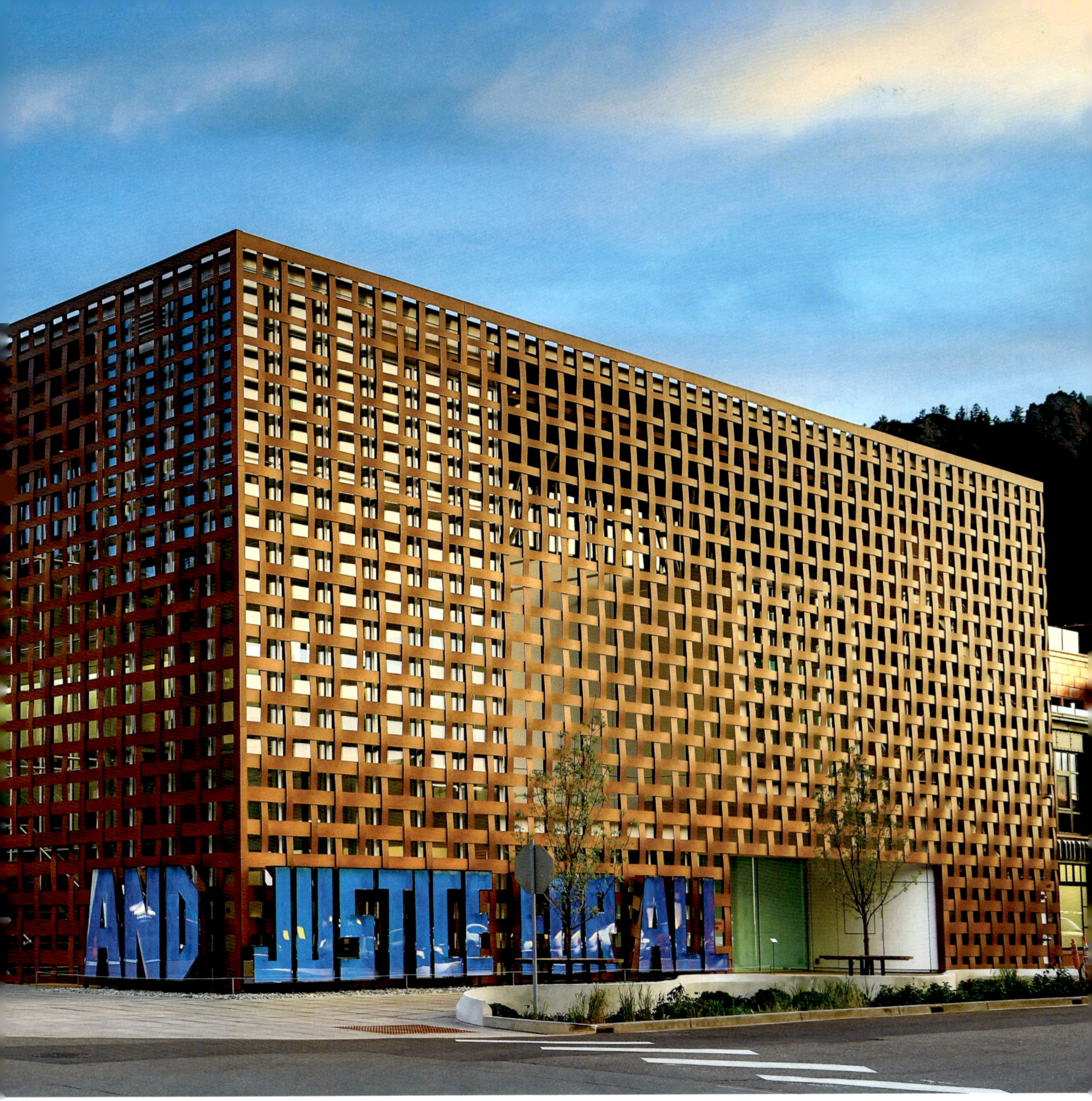
AND JUSTICE
ALL

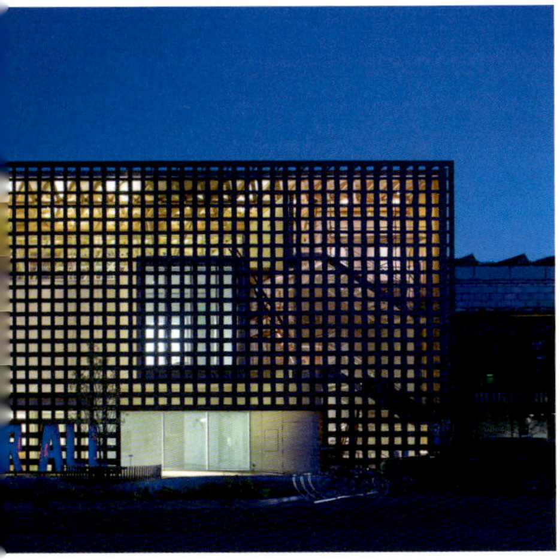

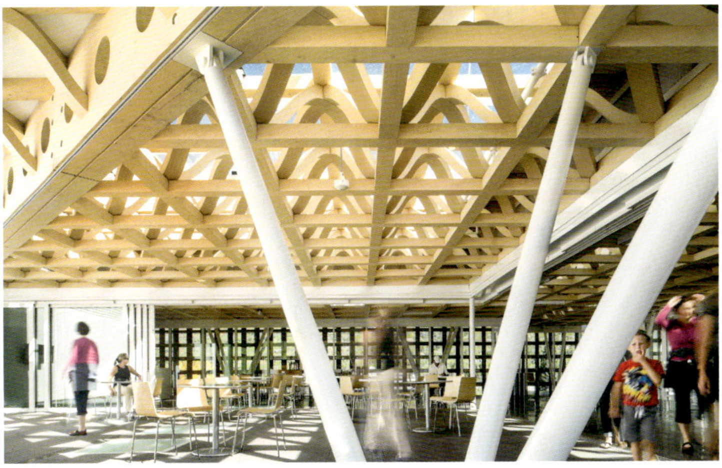

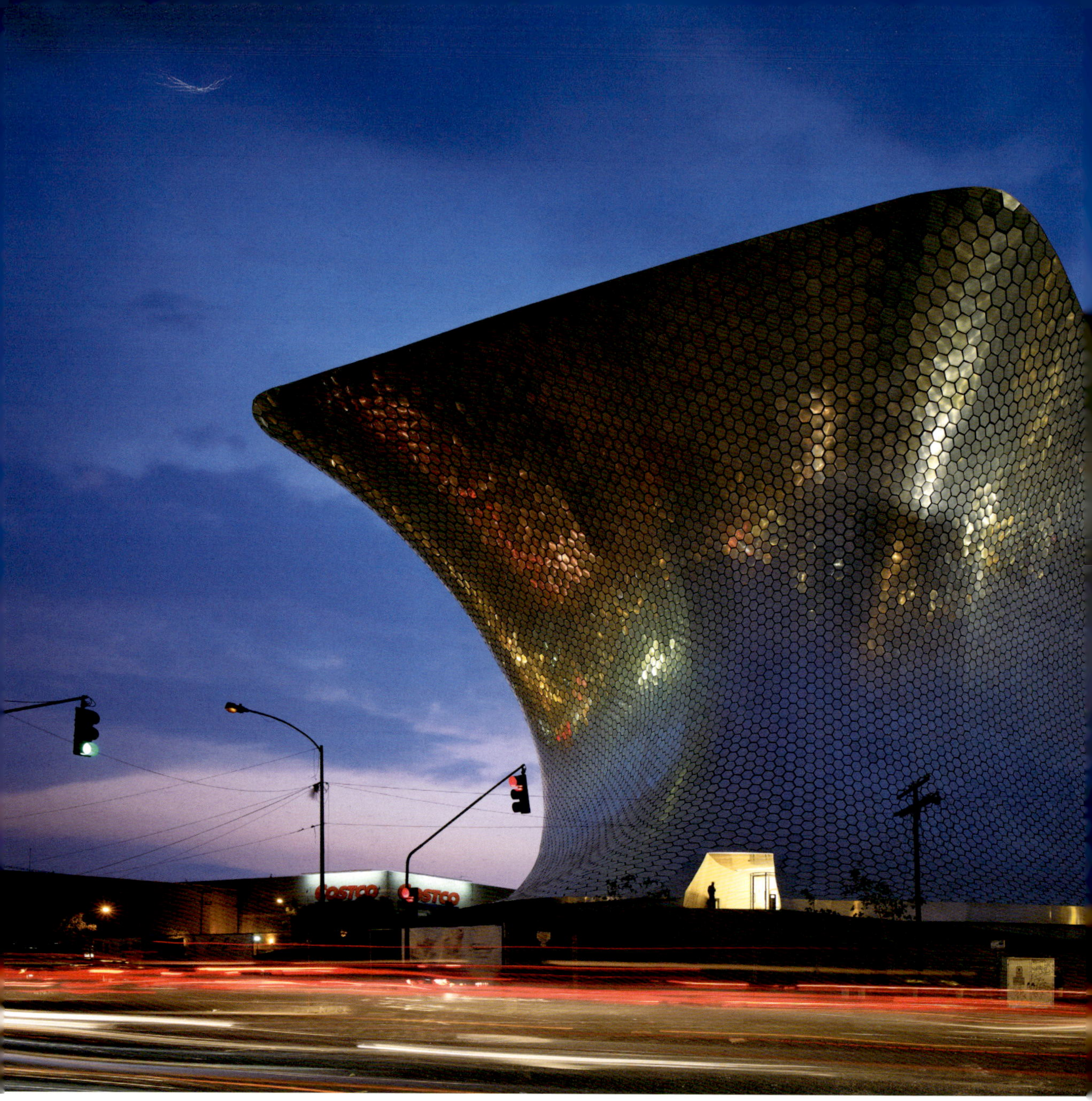

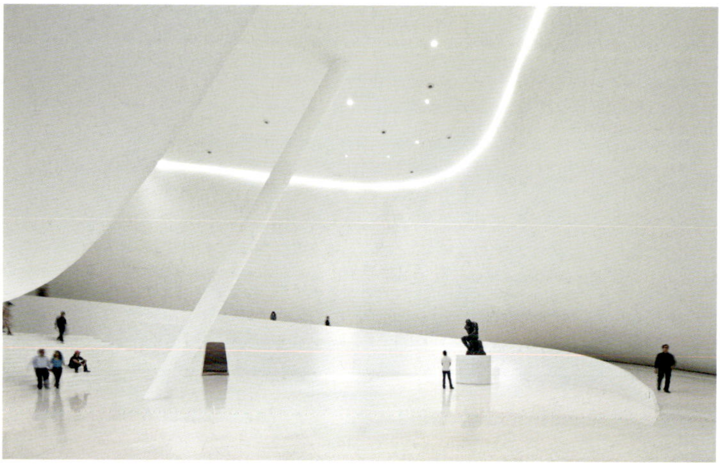

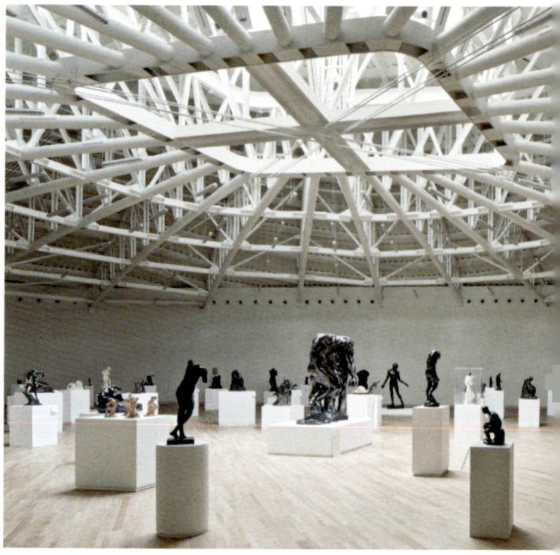

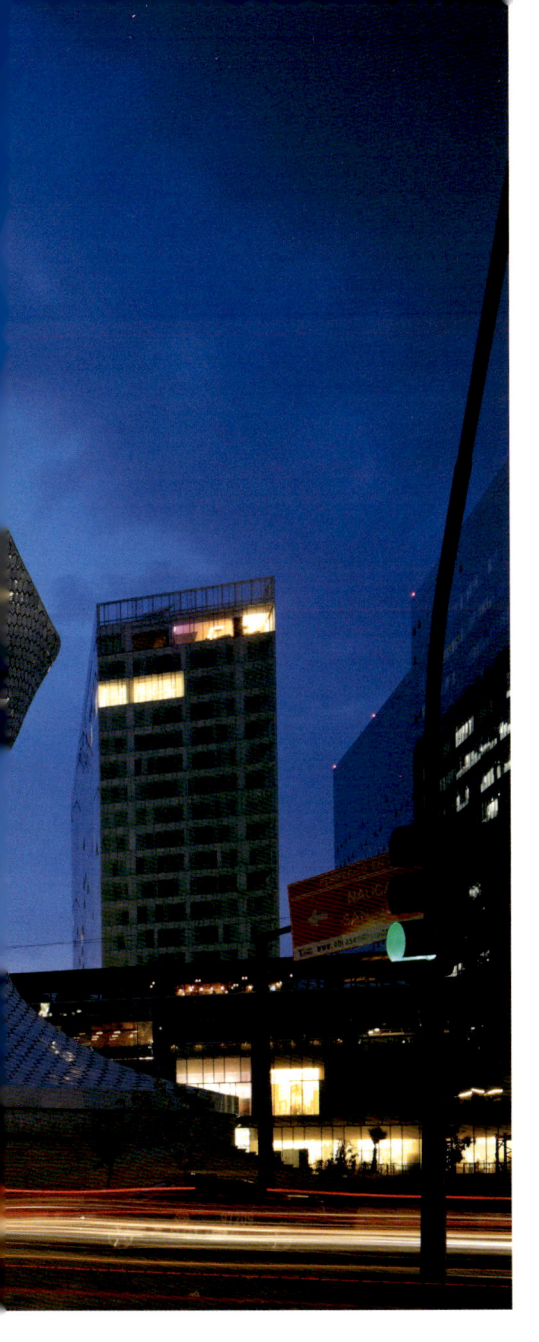

輝く六角形のプレートに
覆われた有機的な建物

ソウマヤ美術館
メキシコ、メキシコシティ | フェルナンド・ロメロ | 2011

大きな四角い塊をひねったような建物。表面に貼られた六角形のアルミのプレートが鈍い光を放つ。設計を担当したメキシコの建築家、フェルナンド・ロメロはフランク・ゲーリーや世界最大級の構造設計事務所、アラップの協力を得てこの有機的な建物を作った。観客はエレベーターで6つあるフロアの最上階まで上り、緩やかなスロープを周りながら下りてくることになる。最上階の天窓から入るふんわりとした光が館内を満たす。この美術館はメキシコの実業家、カルロス・スリム・ヘルのコレクションを展示するもの。ティントレットやミロなど15～20世紀ヨーロッパ美術の傑作やフランス国外では最大級のロダンの彫刻コレクション、ディエゴ・リベラやシケイロスらメキシコの画家の作品が見られる。

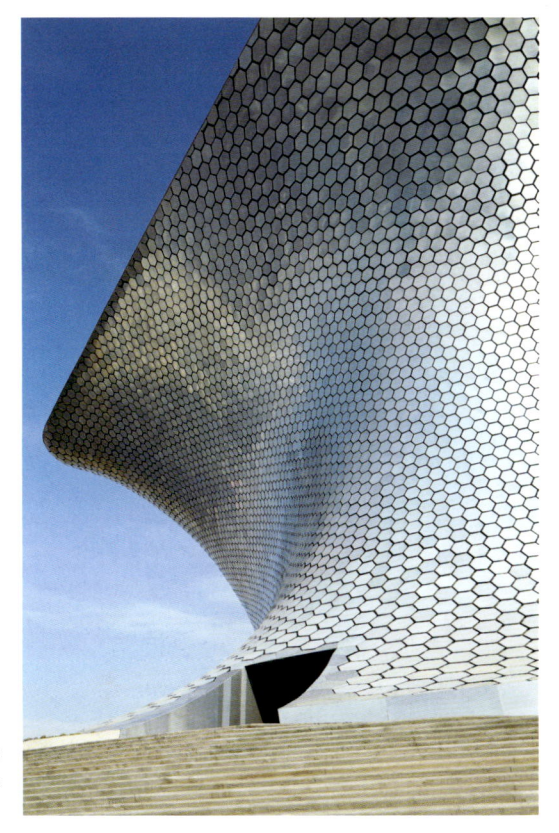

四角い枠につけられた膜が引き伸ばされたような建築には思わず手を触れたくなる。金工などの工芸品も展示される。

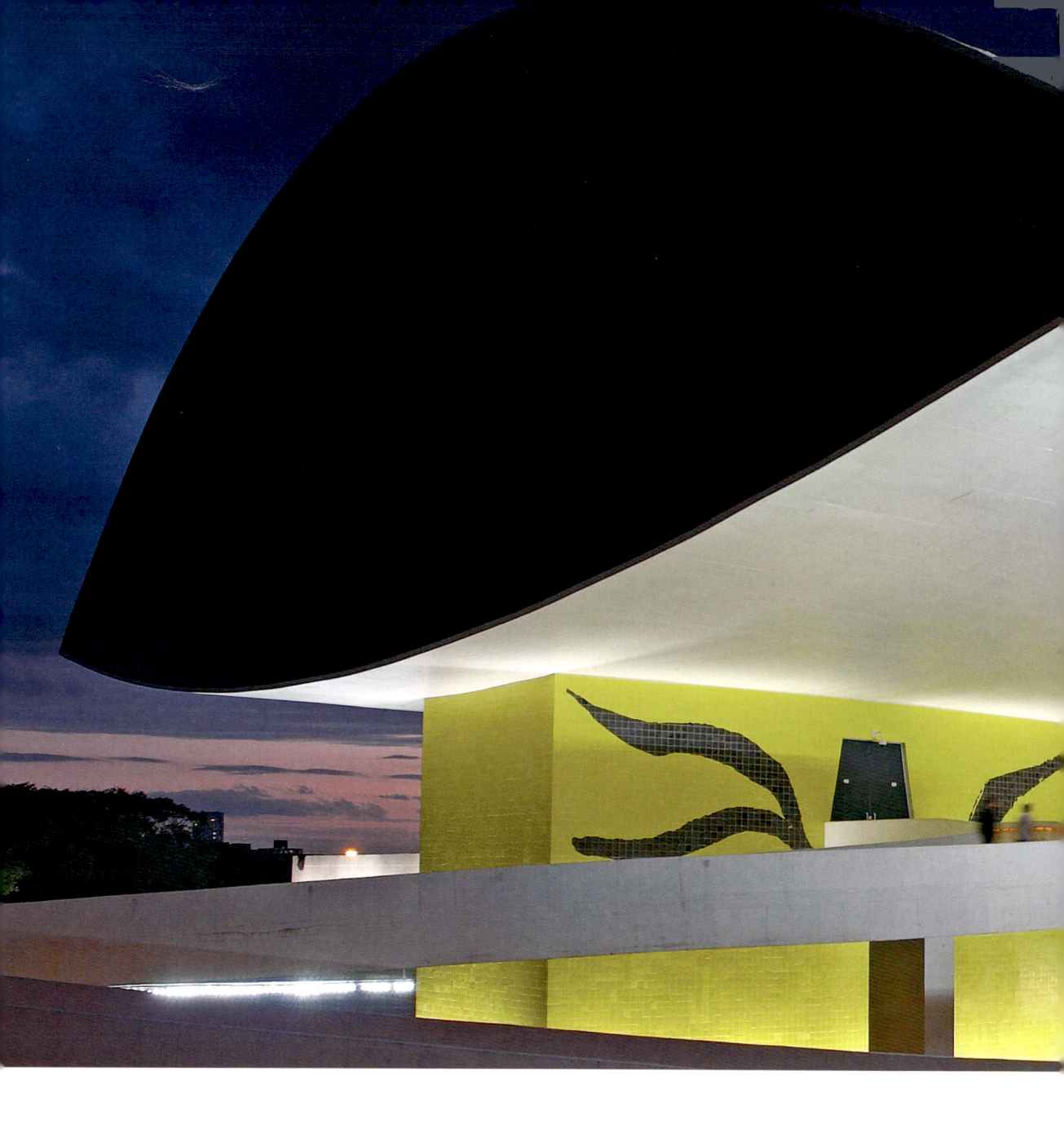

池に浮かぶ巨大な"目"

ニーマイヤー美術館
ブラジル、クリチバ｜オスカー・ニーマイヤー｜2003

巨大な"目玉"が印象的な美術館。地元でも"目の美術館"の愛称で親しまれている。独特の曲線は設計者のオスカー・ニーマイヤーが暮らしたリオ・デ・ジャネイロの地形や女性の肉体の曲線からとられたものともいわれている。入り口は"目玉"の脇にある白いモダンな建物だ。大きなピロティから幅の広いスロープを上って展示室に入る。展示は南米の現代美術が中心となっている。ニーマイヤーの模型やドローイングが展示されている地下へと下り、真っ白いトンネルのような地下道からいよいよ"目"の中へ。室内は目玉のような外観がそのまま現れていて、天井は緩やかにカーブしている。窓から見える外の景色とあいまって、内部にいても次から次へと異なる光景が楽しめる美術館だ。

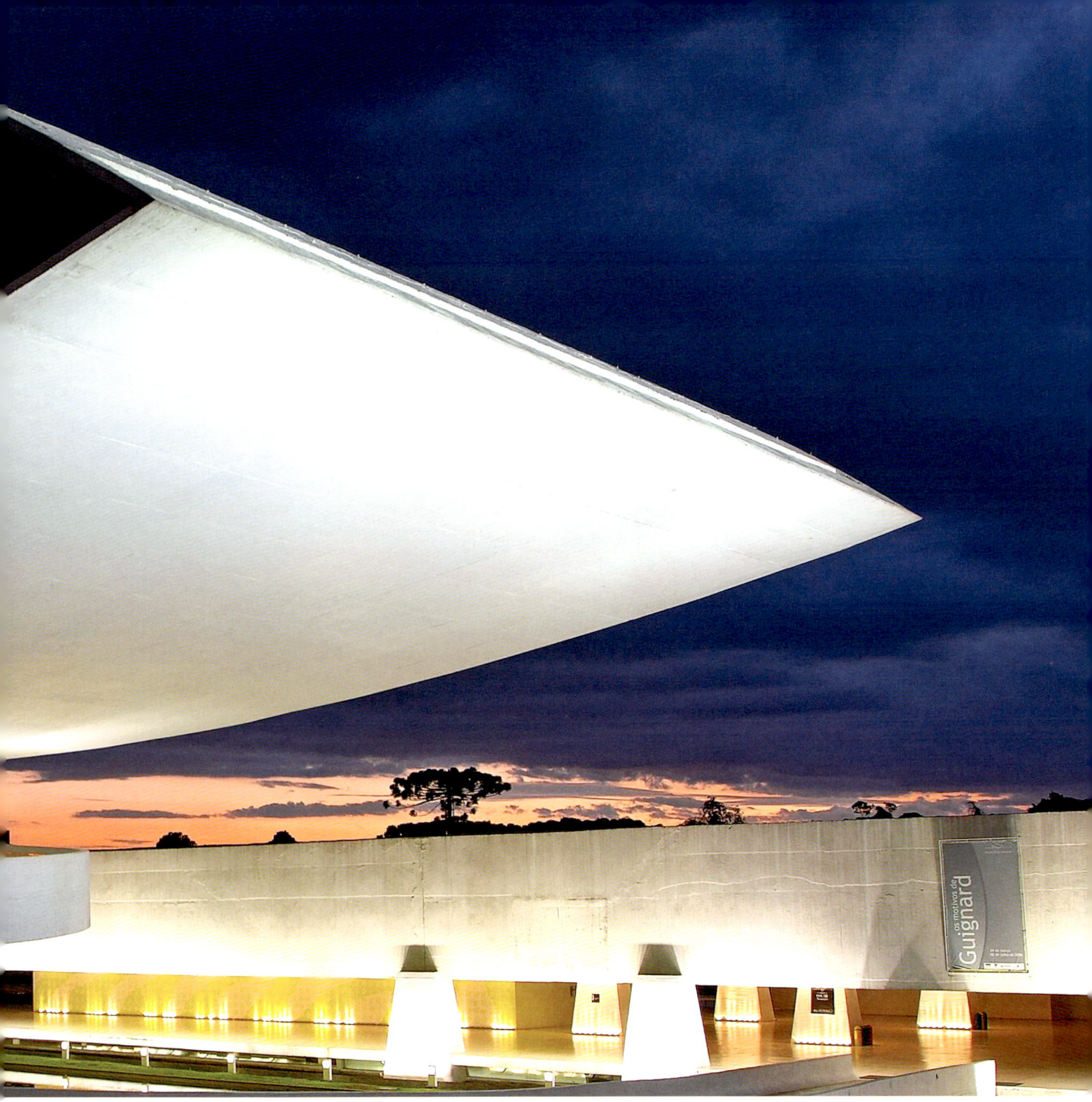
os motivos de
Guignard

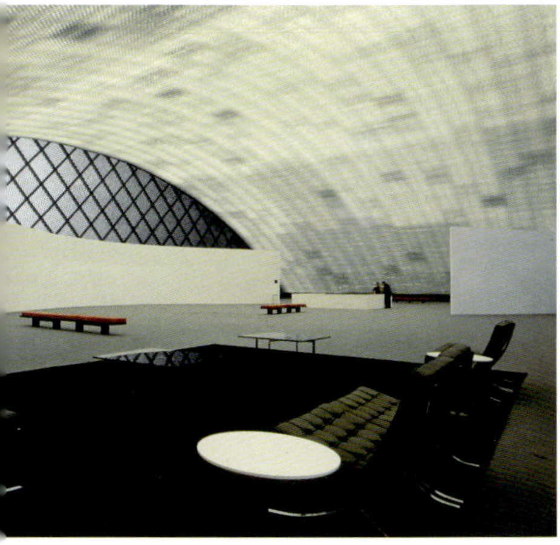

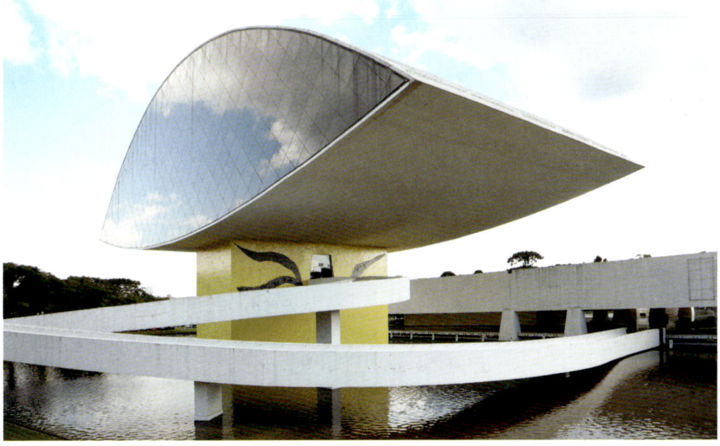

海辺に着陸した
直径50メートルのUFO

ニテロイ現代美術館
ブラジル、リオ・デ・ジャネイロ｜オスカー・ニーマイヤー｜1996

海を見下ろす岬の突端に着陸したUFOのような美術館は、2012年に104歳の長寿で没したブラジルの建築家、オスカー・ニーマイヤーの設計。彼自身はこの建物を花にたとえている。人工池の中央、直径9メートルの"茎"で支えられた花のような建物なのだという。曲がりくねったスロープを上って中に入ると、グアナバラ湾のパノラマが目に飛び込む。ニーマイヤーは「普通ではあり得ないような眺めを楽しめる美術館にしたい」と語っていた。スロープや館内を散策する感覚はニーマイヤーが師と仰いだル・コルビュジエの「建築的プロムナード」を具現化したものだ。コレクションはブラジルの現代美術が中心。建築を活かしたインスタレーションが行われることも。アーティストも刺激する大胆な建築だ。

139

INDEX
・ページ数　・美術館名称（和・英）　・WEBサイトURL　・住所

p.4　ヨーロッパ・地中海文明博物館 (MuCEM)
The Museum of European and Mediterranean Civilisations (MuCEM)　www.mucem.org/
7 Promenade Robert Laffont 13002 Marseille France

p.6　フォンダシオン ルイ・ヴィトン
Louis Vuitton Foundation
www.fondationlouisvuitton.fr/
8 Avenue du Mahatma Gandhi Bois de Boulogne 75116 Paris France

p.8　ルーヴル美術館
Louvre Museum
www.louvre.fr/jp
99 rue de Rivoli 75058 Paris France

p.12　ルーブル・ランス
The Louvre Lens
www.louvre.fr/en/louvre-lens-0
Rue Paul Bert BP 11 Rue Hélène Boucher 62301 Lens France

p.14　ジャン・コクトー美術館
Jean Cocteau Museum
www.museecocteaumenton.fr
2 Quai de Monleon 06500 Menton France

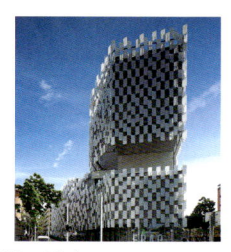

p.16　FRAC マルセイユ
FRAC Art Museum
www.fracpaca.org/
31 rue Vincent Leblanc 13002 Marseille France

p.18　コンデ美術館・シャンティイ城
Château de Chantilly - Musée Condé
www.chateaudechantilly.com/
Château de Chantilly - Musée Condé BP 70243 France

p.22　テート・モダン
Tate Modern
www.tate.org.uk/visit/tate-modern
Bankside London SE1 9TG UK

p.26　リバーサイド交通博物館
Riverside Museum, Glasgow
www.glasgowlife.org.uk/museums/riverside/Pages/default.aspx
100 Pointhouse Place Glasgow G3 8RS UK

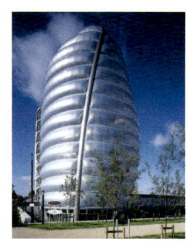

p.28　ナショナル・スペース・センター
National Space Center Leicester
www.spacecentre.co.uk/
Exploration Drive Leicester LE4 5NS UK

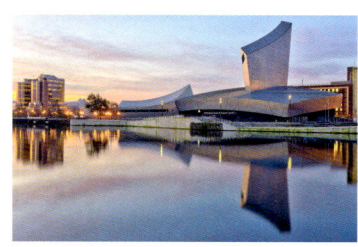

p.30　インペリアル・ウォー・ミュージアム・ノース
Imperial War Museum north
www.iwm.org.uk/
Lambeth Road London SE1 6HZ UK

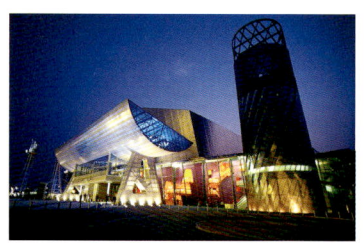

p.34　ローリー・センター
The Lowry Centre, Lowry Art Gallery
www.thelowry.com/about-the-lowry/the-lowry-building/
Pier 8 Salford Quays M50 3AZ UK

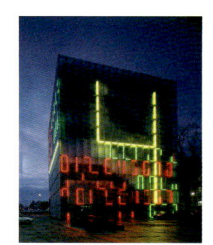

p.36　ブレゲンツ美術館
Kunsthaus Bregenz
www.kunsthaus-bregenz.at/
Karl-Tizian-Platz 6900 Bregenz Austria

p.38　グラーツ美術館
Kunsthaus Graz
www.museum-joanneum.at/kunsthaus-graz
Lendkai 1 8020 Graz Austria

p.40　ウィーン美術史美術館
Kunsthistorisches Museum Wien
www.khm.at/
Burgring 5 1010 Wien Austria

p.42　ベルヴェデーレ宮殿
Belvedere Palace
www.belvedere.at/en
Prinz-Eugen-Straße 27 1030 Wien Austria

p.46　セセッション館
Secession, Association of Visual Artists
www.secession.at/
Friedrichstrasse 12 A-1010 Vienna Austria

p.48　ランゲン・ファンデーション
Langen Foundation
www.langenfoundation.de/
Raketenstation Hombroich 1 41472 Neuss Germany

p.50　ユダヤ博物館
Jewish Museum Berlin
www.jmberlin.de/main/
Lindenstraße 9-14 10969 Berlin Germany

p.52　マルタ・ヘアフォルト美術館
Marta Herford
www.marta-herford.de/
Goebenstraße 4-10 32052 Herford USA

p.54　シュターツギャラリー
Staatsgalerie Stuttgart
www.staatsgalerie.de/
Konrad Adenauer Str. 30-32 D 70173 Stuttgart Germany

p.56　インゼル・ホンブロイッヒ
Museum Insel Hombroich
www.inselhombroich.de/
Minkel 2 41472 Neuss Germany

p.58　聖コロンバ教会ケルン大司教区美術館
Kolumba
www.kolumba.de/
Kolumbastraße 4 50667 Köln Germany

p.60　ヴィトラ・デザイン・ミュージアム
Vitra Design Museum
www.design-museum.de/de/informationen.html
Charles-Eames-Str. 2 D-79576 Weil am Rhein Germany

p.62　オードロップゴー美術館
Ordrupgaard
www.ordrupgaard.dk/
Vilvordevej 110 DK-2920 Charlottenlund Denmark

p.66　パウル・クレー・センター
Zentrum Paul Klee
www.zpk.org/
Monument im Fruchtland 3 3006 Bern Switzerland

p.68　ルクセンブルク・ジャン大公現代美術館（MUDAM）
Mudam Luxembourg
www.mudam.lu/en/le-musee/le-batiment/
3 Park Dräi Eechelen L-1499 Luxembourg

p.70　フローニンゲン美術館
Groninger Museum
www.groningermuseum.nl/
Museumeiland 1 9711 ME Groningen The Netherlands

p.72　グッゲンハイム・ビルバオ
Guggenheim Museum Bilbao
www.guggenheim-bilbao.es/ingles/home.htm Avenida Abandoibarra 2 48009 Bilbao Spain

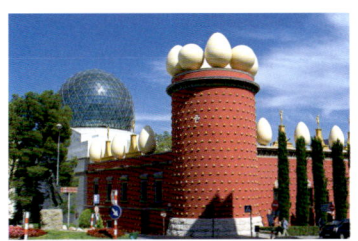

p.74　ダリ劇場美術館
Dali Theatre-Museum
www.salvador-dali.org/en_index/
Plaza Gala-Salvador Dali 5 17600 Figueres Girona Spain

p.76　バレンシア芸術科学都市
Valencia Science Museum
www.cac.es/
Avda del Professor López Piñero (Historiador de la Medicina) 7 - 46013 Valencia Spain

p.78　イタリア国立 21 世紀美術館（MAXXI）
Museo Nazionale delle Arti del XXI Secolo (MAXXI)
www.fondazionemaxxi.it/
Via Guido Reni 4A 00196 Roma Italy

p.80　プンタ・デラ・ドガーナ
Punta della Dogana
www.palazzograssi.it/
Dorsoduro 2 30123 Venezia Italy

p.82　ヴァチカン美術館
Vatican Museums
mv.vatican.va/3_EN/pages/MV_Home.html
Viale Vaticano 00165 Rome Vatican City

p.84　エルミタージュ美術館
Hermitage Museum
www.hermitagemuseum.org/wps/portal/hermitage/
2 Palace Square St Petersburgb Russia

p.88　トプカプ宮殿博物館
Topkapi Palace Museum
www.topkapisarayi.gov.tr/tr
Sultanahmet Eminonu Istanbul Turkey

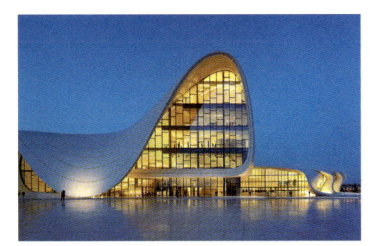

p.92　ヘイダル アリエフ文化センター
Heydar Aliyev Centre Wins Design
www.heydaraliyevcenter.az/#main
Azerbaijan

p.94　イスラム美術博物館
Museum of Islamic Art
www.mia.org.qa/en/
Corniche P.O. Box 2777 Doha Qatar Qutar

p.96　デザイン・ミュージアム・ホロン
Design Museum Holon
www.dmh.org.il/heb/
Pinhas Eilon St. 8 Holon 5845400 Israel

p.98　広州省博物館
The Guangdong Museum
www.gdmuseum.com/
No. 2 Zhujiang Dong Lu Zhujiang New Town Tianhe District Guangzhou China

p.100　オルドス博物館
Ordos Museum
www.ordosbwg.com/
Inner Mongolia Ordos Ejin Horo Min Zu Rd. China

p.102　ハノイ国立博物館
Hanoi National Museum
Pham Hung st. Tu Liem District Vietnam

p.104　アートサイエンス博物館
ArtScience Museum
www.marinabaysands.com/museum.html
10 Bayfront Ave Singapore 018956 Singapore

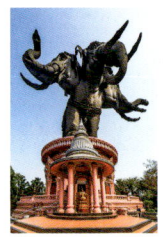

p.106　エラワン博物館
Erawan Museum
www.ancientcitygroup.net/erawan/th/home
99/9 Moo 1 Sukhumvit Road Bangmuangmai Samut Prakan 10270 Thailand

p.108　ソウル国立大学美術館
Seoul Museum of Art University Affiliated
www.snumoa.org
ソウル市冠岳区新林洞山 56-1 Korea

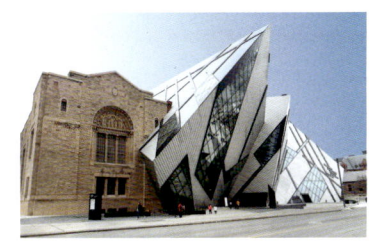

p.110　ロイヤル・オンタリオ博物館
Royal Ontario Museum
www.rom.on.ca/en
100 Queens Park Toronto Ontario Canada

p.112　アートギャラリー・オブ・オンタリオ
Art Gallery of Ontario
www.ago.net/
317 Dundas St W Toronto Ontario Canada

p.114　ミルウォーキー美術館
Milwaukee Art Museum
mam.org/
700 N. Art Museum Drive Milwaukee WI 53202 USA

p.116　エリ&エディス・ブロード美術館
Eli & Edythe Broad Art Museum
broadmuseum.msu.edu/
547 East Circle Drive East Lansing MI 48824 USA

p.118　アクロン・アート・ミュージアム
Akron Art Museum
akronartmuseum.org/
One South High Akron Ohio 44308 USA

p.120　ソロモン・R・グッゲンハイム美術館
Solomon R. Guggenheim Museum
www.guggenheim.org/new-york
1071 Fifth Avenue (at 89th Street) New York, NY 10128-0173 USA

p.122　ウォーカー・アート・センター
Walker Art Center
www.walkerart.org/
1750 Hennepin Avenue Minneapolis Minnesota USA

p.124　フォートワース現代美術館
Modern Art Museum of Fort Worth
themodern.org/
3200 Darnell Street Fort Worth Texas 76107 USA

p.126　ローゼンタール現代美術センター
Rosenthal Center for Contemporary Arts
contemporaryartscenter.org/
44 E 6th Street Cincinnati OH 45202 USA

p.128　デンバー美術館
Denver Art Museum
www.denverartmuseum.org/
100 W 14th Ave Pkwy Denver CO 80204 USA

p.130　サルバドール・ダリ美術館
Salvador Dali in St. Petersburg
thedali.org/
One Dali Blvd St. Petersburg FL 33701 USA

p.132　アスペン美術館
Aspen Art Museum
www.aspenartmuseum.org/
637 East Hyman Avenue Aspen CO 81611 USA

p.134　ソウマヤ美術館
Museo Soumaya
www.soumaya.com.mx/
Blvd. Miguel de Cervantes Saavedra 303 Col. Ampliación Granada México D.F. Mexico

p.136　ニーマイヤー美術館
Museo Oscar Niemeyer
www.museooscarniemeyer.org.br/home
Rua Marechal Hermes 999 Curitiba Brazil

p.138　ニテロイ現代美術館
Niteroi Contemporary Art Museum
www.macniteroi.com.br/
Mirante da Boa Viagem s/n° Niterói RJ Brazil

143

Copyright

p.4 Artur Images/ アフロ　p.5 serge mouraret/Demotix/Corbis/amanaimages　p.5 Philippe Drevet/Demotix/Corbis/amanaimages　p.6 Abaca/ アフロ　p.6 HEMIS/ アフロ　p.7 Stephane Cardinale/People Avenue/Corbis/amanaimages　p.8 TARO NAKAJIMA/ アフロ　p.9 Jochen Schlenker/Masterfile/amanaimages　p.9 Bertrand Rieger/Hemis/Corbis/amanaimages　p.9 Prisma Bildagentur/ アフロ　p.9 R. Ian Lloyd/Masterfile/amanaimages　p.11 George Simhoni/Masterfile/amanaimages　p.11 George Simhoni/Masterfile/amanaimages　p.11 Sylvain Sonnet/Corbis/amanaimages　p.12 Artur Images/ アフロ　p.12 ZUMA Press/amanaimages　p.12 HEMIS/ アフロ　p.13 Artur Images/ アフロ　p.13 HEMIS/ アフロ　p.14 HEMIS/ アフロ　p.15 Chris Hellier/Corbis/amanaimages　p.16 HEMIS/ アフロ　p.17 Artur Images/ アフロ　p.18 Steven Vidler/Eurasia Press/Corbis/amanaimages　p.19 Micheline Pelletier/Sygma/Corbis/amanaimages　p.19 YUKIO TANAKA/SEBUN PHOTO/amanaimages　p.19 TARO NAKAJIMA/SEBUN PHOTO/amanaimages　p.20 AGE FOTOSTOCK/ アフロ　p.20 Robert Harding/ アフロ　p.21 HEMIS/ アフロ　p.21 LAIF/amanaimages　p.22 KEIZO KANO/SEBUN PHOTO/amanaimages　p.24 VIEW Pictures/ アフロ　p.25 伊東町子 / アフロ　p.25 Julian Love/JAI/Corbis/amanaimages　p.25 www.bridgemanart.com/amanaimages　p.26 Artur Images/ アフロ　p.27 Arcaid Images/ アフロ　p.27 Artur Images/ アフロ　p.27 Alamy/ アフロ　p.28 Arcaid Images/ アフロ　p.29 VIEW Pictures/ アフロ　p.29 VIEW Pictures/ アフロ　p.30 Jon Arnold Images/ アフロ　p.32 AGE FOTOSTOCK/ アフロ　p.33 Artur Images/ アフロ　p.33 Alamy/ アフロ　p.33 Alamy/ アフロ　p.34 Alamy/ アフロ　p.35 Hoberman Collection/ アフロ　p.35 VIEW Pictures/ アフロ　p.35 Atlantide Phototravel/Corbis/amanaimages　p.36 Richard Bryant/Arcaid/Corbis/amanaimages　p.37 Artur Images/ アフロ　p.37 imagebroker/ アフロ　p.38 Alamy/ アフロ　p.39 SIME/ アフロ　p.39 Alamy/ アフロ　p.39 AGE FOTOSTOCK/ アフロ　p.40 SIME/ アフロ　p.40 Erwin Zueger/ アフロ　p.41 imagebroker/ アフロ　p.42 片手孝 / アフロ　p.44 Jon Arnold Images/ アフロ　p.45 IMAGNO/ アフロ　p.45 HEMIS/ アフロ　p.46 AP/ アフロ　p.47 AP/ アフロ　p.47 imagebroker/ アフロ　p.47 Robert Harding/ アフロ　p.48 Artur Images/ アフロ　p.49 Daniel Schoenen / LOOK-foto/amanaimage　p.49 Artur Images/ アフロ　p.49 Artur Images/ アフロ　p.50 imagebroker/ アフロ　p.51 Artur Images/ アフロ　p.51 AGE FOTOSTOCK/ アフロ　p.51 AGE FOTOSTOCK/ アフロ　p.51 HEMIS/ アフロ　p.52 Artur Images/ アフロ　p.52 Artur Images/ アフロ　p.53 Artur Images/ アフロ　p.54 HEMIS/ アフロ　p.55 Berthold Steinhilber/laif/amanaimages　p.55 Berthold Steinhilber/laif/amanaimages　p.55 Markus Lange/Robert Harding World Imagery/Corbis/amanaimages　p.56 Artur Images/ アフロ　p.56 Artur Images/ アフロ　p.57 Artur Images/ アフロ　p.57 imagebroker/ アフロ　p.58 H. & D. Zielske / LOOK-foto/amanaimages　p.58 Burg + Schuh/Palladium/laif/amanaimages　p.58 Burg + Schuh/Palladium/laif/amanaimages　p.59 Gregor Hohenberg/laif/amanaimages　p.59 imagebroker/ アフロ　p.60 H. & D. Zielske / LOOK-foto/amanaimages　p.61 Gregor Hohenberg/laif/amanaimages　p.62 VIEW Pictures/ アフロ　p.63 Artur Images/ アフロ　p.63 VIEW Pictures/ アフロ　p.64 Artur Images/ アフロ　p.64 Artur Images/ アフロ　p.65 Artur Images/ アフロ　p.65 imagebroker/ アフロ　p.66 Luca da Ros/Grand Tour/Corbis/amanaimages　p.67 VIEW Pictures/ アフロ　p.67 VIEW Pictures/ アフロ　p.68 AGE FOTOSTOCK/ アフロ　p.68 LAIF/ アフロ　p.68 LAIF/ アフロ　p.69 Artur Images/ アフロ　p.70 Alamy/ アフロ　p.71 Alamy/ アフロ　p.71 Alamy/ アフロ　p.72 nathalie paco/Demotix/Corbis/amanaimages　p.73 Topic Photo Agency/Corbis/amanaimages　p.73 SIME/ アフロ　p.73 Artur Images/ アフロ　p.74 AGE FOTOSTOCK/ アフロ　p.75 五條伴好 / アフロ　p.75 AGE FOTOSTOCK/ アフロ　p.75 西端秀和 / アフロ　p.76 SIME/ アフロ　p.76 Jose Fuste Raga/ アフロ　p.77 AGE FOTOSTOCK/ アフロ　p.77 AGE FOTOSTOCK/ アフロ　p.77 Robert Harding/ アフロ　p.78 Arcaid Images/ アフロ　p.78 HEMIS/ アフロ　p.79 Arcaid Images/ アフロ　p.80 SIME/ アフロ　p.81 SIME/ アフロ　p.81 Artur Images/ アフロ　p.81 Artur Images/ アフロ　p.82 富井義夫 / アフロ　p.83 Sylvain Sonnet/Corbis/amanaimages　p.83 Hugh Rooney/Eye Ubiquitous/Corbis/amanaimages　p.84 HEMIS/ アフロ　p.84 Topic Images/ アフロ　p.84 Susy Mezzanotte/Grand Tour/Corbis/amanaimages　p.85 Jon Arnold Images/ アフロ　p.86 Jon Arnold Images/ アフロ　p.86 Photononstop/ アフロ　p.87 Jon Arnold Images/ アフロ　p.88 Martin Siepmann/Westend61/Corbis/amanaimages　p.88 Martin Siepmann/Westend61/Corbis/amanaimages　p.88 Yann Arthus-Bertrand/Corbis/amanaimages　p.89 AGE FOTOSTOCK/ アフロ　p.90 SIME/ アフロ　p.90 Nico Tondini/Robert Harding World Imagery/Corbis/amanaimages　p.91 Massimo Listri/Corbis/amanaimages　p.91 Massimo Listri/Corbis/amanaimages　p.92 VIEW Pictures/ アフロ　p.93 AGE FOTOSTOCK/ アフロ　p.93 VIEW Pictures/ アフロ　p.94 Alamy/ アフロ　p.94 imagebroker/ アフロ　p.94 Tibor Bognar/Corbis/amanaimages　p.95 Morley von Sternberg/Arcaid/amanaimages　p.96 Amit Geron/Arcaid/Corbis/amanaimages　p.97 Yin Dongxun/Xinhua Press/Corbis/amanaimages　p.97 Amit Geron/Arcaid/Corbis/amanaimages　p.97 Artur Images/ アフロ　p.97 Albatross Air Photography/ アフロ　p.98 Imaginechina/ アフロ　p.99 Artur Images/ アフロ　p.100 Artur Images/ アフロ　p.100 Artur Images/ アフロ　p.101 VIEW Pictures/ アフロ　p.101 VIEW Pictures/ アフロ　p.102 Artur Images/ アフロ　p.102 Artur Images/ アフロ　p.103 Artur Images/ アフロ　p.104 John Warburton-Lee/ アフロ　p.104 Jose Fuste Raga/Corbis/amanaimages　p.104 Alamy/ アフロ　p.105 AGE FOTOSTOCK/ アフロ　p.106 AGE FOTOSTOCK/ アフロ　p.108 Arcaid Images/ アフロ　p.108 Arcaid Images/ アフロ　p.108 Arcaid Images/ アフロ　p.109 Patrick Voigt/laif/amanaimages　p.110 Alamy/ アフロ　p.110 Alamy/ アフロ　p.111 Alamy/ アフロ　p.111 Alamy/ アフロ　p.112 Artur Images/ アフロ　p.112 Rick D'Elia/Corbis/amanaimages　p.112 Artur Images/ アフロ　p.113 Artur Images/ アフロ　p.114 Burg + Schuh/Palladium/laif/amanaimages　p.114 Burg + Schuh/Palladium/laif/amanaimages　p.114 Burg + Schuh/Palladium/laif/amanaimages　p.115 Burg + Schuh/Palladium/laif/amanaimages　p.115 AGE FOTOSTOCK/ アフロ　p.116 VIEW Pictures/ アフロ　p.116 VIEW Pictures/ アフロ　p.116 VIEW Pictures/ アフロ　p.117 VIEW Pictures/ アフロ　p.117 VIEW Pictures/ アフロ　p.118 Artur Images/ アフロ　p.118 Artur Images/ アフロ　p.119 Artur Images/ アフロ　p.119 Artur Images/ アフロ　p.119 Artur Images/ アフロ　p.120 Arcaid Images/ アフロ　p.120 Prisma Bildagentur/ アフロ　p.121 Artur Images/ アフロ　p.121 Alamy/ アフロ　p.122 Artur Images/ アフロ　p.123 Arcaid Images/ アフロ　p.123 Artur Images/ アフロ　p.124 Alamy/ アフロ　p.124 VIEW Pictures/ アフロ　p.125 Arcaid Images/ アフロ　p.126 Artur Images/ アフロ　p.126 Artur Images/ アフロ　p.126 Artur Images/ アフロ　p.127 Artur Images/ アフロ　p.129 Artur Images/ アフロ　p.129 Artur Images/ アフロ　p.129 Jose Fuste Raga/ アフロ　p.129 Philip Wegener/Beateworks/Corbis/amanaimages　p.130 Berthold Steinhilber/laif/amanaimages　p.130 Jon Arnold Images/ アフロ　p.130 ロイター / アフロ　p.131 ロイター / アフロ　p.132 Artur Images/ アフロ　p.132 Artur Images/ アフロ　p.133 Arcaid Images/ アフロ　p.133 Artur Images/ アフロ　p.133 Alamy/ アフロ　p.134 Arcaid Images/ アフロ　p.134 Arcaid Images/ アフロ　p.135 SIME/ アフロ　p.135 Arcaid Images/ アフロ　p.136 SIME/ アフロ　p.137 imagebroker/ アフロ　p.138 John Warburton-Lee/ アフロ　p.138 Arcaid Images/ アフロ　p.138 VIEW Pictures/ アフロ　p.138 eStock Photo/ アフロ　p.139 VIEW Pictures/ アフロ

建築がすごい世界の美術館

2015年2月23日　初版第1刷発行

写　真	株式会社アフロ 株式会社アマナイメージズ	発行元	株式会社パイ インターナショナル 〒170-0005　東京都豊島区南大塚2-32-4 TEL 03-3944-3981　FAX 03-5395-4830 sales@pie.co.jp
デザイン	松村大輔（PIE Graphics)		
執　筆	青野尚子 山内宏康 村井清美（風日舎）	編集・制作	PIE BOOKS
		印刷・製本	株式会社サンニチ印刷
編　集	高橋かおる	©2015 aflo / amana images / PIE International ISBN978-4-7562-4592-2　C0072　Printed in Japan	
発行人	三芳寛要	本書の収録内容の無断転載・複写・複製等を禁じます。ご注文、乱丁・落丁本の交換等に関するお問い合わせは、小社までご連絡ください。	